EN TIEMPOS DE CRISIS II
"LA SOLUCIÓN ÁGIL"

LANZAMIENTO

METODOLOGÍA ÁGIL MULTIDIRECCIONAL
PAR

Nelson Salgado-Mercado

Reservados todos los derechos. No se permite la reproducción total o parcial de esta obra, ni su incorporación a un sistema informático, ni su transmisión en cualquier forma o por cualquier medio (electrónico, mecánico, fotocopia, grabación u otros) sin autorización previa y por escrito de los titulares del copyright. La infracción de dichos derechos puede constituir un delito contra la propiedad intelectual.

El contenido de esta obra es responsabilidad del autor y no refleja necesariamente las opiniones de la casa editora. Todos los textos e imágenes fueron proporcionados por el autor, quien es el único responsable sobre los derechos de los mismos.

Publicado por Ibukku
www.ibukku.com
Diseño y maquetación: Índigo Estudio Gráfico
Copyright © 2021 Nelson Salgado-Mercado
ISBN Paperback: 978-1-68574-056-6
ISBN eBook: 978-1-68574-057-3

Índice

AGRADECIMIENTOS	5
PREFACIO	7
PRÓLOGO	9
DEDICATORIA	11
INTRODUCCIÓN	13
I. PRIMERA PARTE	
Agilidad – "La Solución"	15
Definiciones y conceptos	17
Otros conceptos y definiciones	26
II. SEGUNDA PARTE	53
¿Qué es la metodología ágil multidireccional PAR?	55
PRIMERA FASE - PRESENTAR	61
SEGUNDA FASE - ANALIZAR	66
TERCERA FASE - RESOLVER	70
DIAGRAMA METODOLOGÍA ÁGIL	
MULTIDIRECCIONAL PAR	76
III. TERCERA PARTE	77
Introducción y Principios del Concepto de Agilidad de Scrum	79
Bibliografía/ Fuentes	91

AGRADECIMIENTOS

Es imposible no agradecer a mi padre por el apoyo incondicional que siempre ha mostrado ante mis proyectos. A mi esposa Nydia consorte inseparable en mi vida y bastión fuerte ante los retos. A mis bisnietos, Jandiel Nomar y Samira Zoé que me enseñan con sus travesuras, que siempre debo mirar hacia arriba y no hacia abajo.

PREFACIO

LA SOLUCIÓN ÁGIL

El tener agilidad denota unas cualidades especiales que todos en un momento dado debemos demostrar. En la vida empresarial, así como en la vida misma es importante tener las habilidades necesarias para ser resiliente y poder superar los retos y obstáculos que se presentan. Las dinámicas de las organizaciones y la velocidad con que se vive cotidianamente nos llevan a ser ágiles en la gestión de desempeño. Para poder ofrecerle al cliente una experiencia excepcional es necesario tener la voluntad y el deseo de hacerlo, ya que no es posible ofrecer agilidad si no tenemos procesos ágiles.

Por lo tanto, es mejor adaptarse que adoptar. Ya que la primera requiere tener la agilidad y flexibilidad necesaria para poder cambiar dinámicamente ante las situaciones y conflictos inesperados. La vida es un constante cambio y es necesario estar enfocados para salir adelante con agilidad y mejoramiento continuo. Cuando adoptamos algo limitamos la creatividad, la innovación y la proactividad, por lo que detenemos el crecimiento. Es por eso que debemos adaptarnos, ya que siempre debemos ver el fracaso como una oportunidad para crecer. El transformarnos ágilmente y vencer el miedo al fracaso es parte del proceso de desarrollo a nivel personal y profesional. Las dinámicas de la vida misma, vista desde un contexto ágil nos van a llevar éxito y añadirle valor a todo lo que hacemos. El mantener una actitud positiva sumado al conocimiento y las habilidades que tenemos juegan un papel relevante en este esfuerzo. Es necesario aprender de nuestros errores y moverse hacia el camino del éxito y la prosperidad. Es imposible desvincular la filosofía de la Gerencia de Calidad Total en el tema de agilidad, ya que en mi opinión son parte de una ecuación de igualdad magistralmente balanceada. Así que debemos esforzarnos, ser valientes y ágiles ante la adversidad ya que el que es valiente no se rinde, sino que lucha revestido de agilidad.

PRÓLOGO

POR DIEGO WO CHING JIMENEZ
Profesional en el área de Gerencia y Cadena de Suministros

Existe una gran variedad de modelos y metodologías enfocadas en el mejoramiento continuo, calidad y satisfacción del cliente, sin embargo, algunas de ellas requieren de mucho tiempo para su implementación. Las empresas hoy en día no se pueden dar ese lujo y por ende hay una gran inclinación por adoptar metodologías ágiles, las cuales, llevadas a cabo exitosamente, brindan resultados en un período corto en su ejecución.

Con el paso del tiempo, he conocido muchos colaboradores, estudiantes y pasantes que me describen proyectos, modelos e ideas muy interesantes, las cuales desafortunadamente, no siempre fueron implementadas. Existe una gran diferencia entre las personas que actúan sobre una idea o proyecto y las que simplemente las piensan o documentan.

El talento humano es el más grande activo de cualquier empresa y por ende se debe invertir en iniciativas de entrenamiento, desarrollo e innovación, para que la misma pueda mantenerse a flote en un mundo de constante cambio y evolución. Se deben facilitar espacios y adoptar una cultura en donde, está bien fracasar, está bien tomar riesgos, y ver estos fracasos como oportunidades de crecimiento, como lo indica Nelson Salgado en su primer libro: "En Tiempos de Crisis – Una oportunidad para crecer"; con el tiempo y una vez que esté dentro del ADN de la empresa, se tendrá una cultura organizacional envidiable y muchas ideas que traerán grandes beneficios tras su implementación.

Estamos ante un Mundo ya Globalizado, los consumidores tenemos expectativas muy diferentes a las que teníamos diez años atrás. El comercio electrónico ha abierto las puertas de acceso a productos, tecnologías y servicios que no contábamos anteriormente. Queremos que los productos que ordenamos en línea nos lleguen, de ser posible el mismo día, o por lo menos saber exactamente el día y hora de cuándo nos llegarán. Las Empresas deben adaptarse a estos nuevos retos, sistemas y requerimientos para poder subsistir. Esto no sucede de la noche a la mañana, en este libro el autor describe con gran detalle que, es necesario tener un plan, una estructura, se deben definir metas, a corto, mediano y largo plazo y finalmente definir una estrategia o marco de implementación que sea sostenible.

El liderazgo es y será siempre una pieza clave para la adecuada ejecución de las tareas dentro de una organización. Los líderes de hoy en día deben aprender lo más que puedan en su rol actual, expandir sus tareas en algo más grande y establecerse altas expectativas, entender las funciones de otros departamentos para saber cómo apoyarlos de mejor manera y preguntarse constantemente: ¿Qué sigue ahora? Sabemos que los buenos rendimientos van a provenir de equipos altamente motivados y donde existen principios sólidos de colaboración y coordinación de actividades.

A la hora de llevar a cabo un proyecto, es importante asegurarse que está alineado con los objetivos definidos por la empresa, para que así cuente con el apoyo de la Alta Gerencia. Mostrar avances y resultados periódicamente va a garantizar el interés y envolvimiento de nuestros "stakeholders". A su vez también, permitirá hacer cambios sobre la marcha, según sea requerido.

Finalmente, escribir o presentar sobre un tema es una manera de devolver a la comunidad y una forma de mantenerse en constante aprendizaje. Estoy seguro de que este libro será de mucho provecho para sus lectores, debido a su enfoque multidisciplinario.

DEDICATORIA

Les dedico este libro a todos los estudiantes que por más de 30 años han formado parte de mi desarrollo como profesor, tutor, educador e instructor. En donde he formado mentes capaces de labrar su propio camino a través de la enseñanza en donde el cielo es el límite al conocimiento y aprendizaje.

INTRODUCCIÓN

Las empresas competitivas a nivel mundial se enfocan en estrategias dirigidas a ofrecer un servicio de calidad y eficiencia como parte de la integración de competencias y principios con el único propósito de mantener el posicionamiento de su empresa en la mente de los consumidores. Todos en principio debemos tener un plan para todas las situaciones que enfrentamos en nuestra vida diaria. Por lo tanto, toda estrategia debe estar acompañada de un proceso de planificación. También llevamos a cabo planes para todas aquellas actividades en y dentro de nuestra vida cotidiana y es necesario estar preparados para todo lo que se nos presenta. Es aquí cuando el tener una planeación ágil basada en prioridades juegan un papel relevante. A través de la historia grandes batallas y guerras se han ganado utilizando una buena planificación. Las guerras son un ejemplo claro de estrategias y ejecuciones bien diseñadas para alcanzar la victoria sobre sus enemigos. La planificación debe ser ágil, que le añada valor a lo que hacemos y es necesaria para el éxito tanto personal como profesional. Nuestro objetivo en darle la prioridad a la calidad y eficiencia mediante el valor que agregamos a todo los que impactemos. Es aquí cuando soluciones ágiles son parte del proceso de mejoramiento continuo a todos los niveles de la organización.

Buscar soluciones ágiles a nuestras situaciones y conflictos que se presentan es la verdadera solución que debemos implementar. De esa manera estaremos en una mejor posición para enfrentar los retos en el siglo 21. Por lo tanto, "En Tiempos de Crisis II" incorpora, "La Solución Ágil" una metodología práctica.

En este libro presentamos un breve resumen que consiste en la introducción y los principios del marco de trabajo ágil denominada como Scrum. Esto nos ayudara ampliar nuestros conocimientos y desarrollarnos en aras de mejorar de forma continua los procesos maximizando el uso de los recursos y el manejo del tiempo como variables dependientes con efectividad, eficiencia, colaboración y por ende agilidad. Adicional les presento el lanzamiento de la *METODOLGÍA ÁGIL MUTIDIRECCIONAL PAR*. La cual está diseñada para atender las soluciones de mejoramiento, ágil y continuo de todos procesos tanto en los negocios como en su vida personal. También les comparto definiciones, conceptos relacionados a la gerencia empresarial, competencias, habilidades blandas y agilidad en su contexto.

I. PRIMERA PARTE
Agilidad – "La Solución"

"En los momentos de crisis, solo la imaginación es más importante que el conocimiento"
Albert Einstein

Definiciones y conceptos

Cuando mencionamos el término ágil estamos reseñando un excelente marco de trabajo y de gestión para hacer las cosas de una manera diferente. La misma consiste en unos principios que dan a lugar a esta transformación sin igual. Por lo tanto, pensar y actuar con agilidad va más allá de lo que creemos y pensamos. En otras palabras, estos principios ágiles pueden ser incorporados a nuestras vidas como una nueva forma de vivir amparándose en mejorar todos y cada uno de los aspectos relacionados con la gestión de vida, trabajo y en las empresas en todas sus manifestaciones. Anna Pérez responsable de contenidos en el portal de "OBS Business School", el cual tiene una alianza académica con la Universidad de Barcelona plantea los doce principios del modelo el cual iremos abordando a continuación.

La Satisfacción del Cliente

Es la base de todo. El primer principio del manifiesto ágil se alcanza a través de la entrega de productos y servicios de valor que cubran una necesidad en particular. Satisfacer y exceder las expectativas de nuestros clientes debe ser una prioridad dado a que el cliente es y siempre será nuestra razón de ser. Tal como comento en mi primer libro publicado "En Tiempos de Crisis- Una oportunidad para crecer" planteo lo siguiente: "La gestión de servicio al cliente debe en esencia partir de la ventaja competitiva de cualquier organización. La misma debe establecer la diferencia entre cumplir con los objetivos de ventas de la compañía, y que en la mayoría de las ocasiones desvirtúan la realidad existencial de la empresa, versus lo que en realidad es la expectativa del cliente. El cliente es el mejor juez y los empleados el mejor vehículo para establecer profundos y verdaderos lazos en la gestión de servicio al cliente, ya que proveen el insumo necesario que aporta significativamente al proceso de mejoramiento".

Cambio

"Nosotros mismos debemos ser el cambio que deseamos ver en el mundo", dice Gandhi. En varias ocasiones en nuestra vida enfrentamos situaciones en donde nos salimos de nuestra zona de comodidad. La resistencia al cambio ha sido y es uno de los temas más estudiados por los investigadores del campo. El cambio significa acción y sobre todo estar dispuesto a realizar cosas que en un principio ya sea por convicción o principios no estamos dispuestos a realizar. Hoy planteamos el segundo principio del manifiesto ágil: "Bienvenido los nuevos requisitos". Cambiar sobre la marcha no es dar un paso atrás. Cualquier sugerencia o solución es bienvenida si se trata de mejorar el producto. Cuando trabajamos con los requerimientos del cualquier producto o servicio debemos estar conscientes que en la medida que se avanza los requisitos pueden cambiar.

Es por eso por lo que debemos tener la capacidad de aceptar los cambios y sobre todo adaptarnos a ellos para cumplir con las expectativas de nuestros clientes. En mi primer libro comento lo siguiente sobre este tema: "Las organizaciones en general deben buscar nuevas formas de hacer las cosas para que podamos encaminarnos firmemente hacia el logro de nuestras metas y objetivos. Ante los cambios, las organizaciones deben ser dinámicas y ágiles para evolucionar continuamente al éxito y la salud financiera de la organización". Sugiero que debemos ir más allá de nuestras posibilidades, sueños y retos. Debemos convertirnos en facilitadores de cambio. Es hora de que tomemos las riendas de nuestra vida y nos demos la oportunidad de vivir, crecer, desarrollarnos y, sobre todo, adaptarnos a los inevitables cambios en la vida. "Porque en tiempos de crisis, siempre hay una oportunidad para crecer".

Entregas por semanas

El tercer principio del manifiesto ágil establece lo siguiente: Los proyectos no suelen terminar de la misma forma en que empezaron. Es indispensable que quienes lo ejecutan puedan adaptarse a las distintas circunstancias que puedan surgir. La división del trabajo llevadas a cabo en fases productivas es la base de la metodología ágil.

Definitivamente es mejor adaptarse que adoptar. Ya que la primera requiere el tener la agilidad y flexibilidad necesaria para poder cambiar más dinámicamente ante las situaciones que se presentan. La vida es un constante cambio y es necesario estar bien enfocados para poder salir adelante y renovarnos continuamente. Cuando adoptamos algo limitamos la creatividad, la innovación y la proactividad, por lo que detenemos el proceso de crecimiento. Debemos ser como la mariposa que pasa de ser una oruga a una de las más bellas creaciones de la naturaleza. El transformarnos de adentro hacia afuera y vencer el miedo al fracaso es parte del proceso de desarrollo tanto a nivel personal como colectivo. Siempre debemos ver el fracaso como un camino al éxito tal como menciona en su libro John C. Maxwell, "El lado positivo del fracaso". El mantener una actitud positiva es relevante en el proceso. Es necesario aprender de nuestros errores y redirigirnos hacia el camino del éxito y la prosperidad. Así que debemos esforzarnos y ser valientes ya que ante la adversidad el que es valiente no se rinde, sino que lucha ante los retos y circunstancias cambiantes de la vida.

Por lo tanto, la entrega por semanas consiste en una regla fundamental que nos ayuda de manera incremental seguir mejorando significativamente el proceso. El entregar con relativa regularidad nos ofrece aplicar el empirismo o sea aprender sobre la marcha y de esa manera poder aplicar el desarrollo iterativo incremental que nos asegura añadirle valor a lo que hacemos.

Medición

La forma y manera en que validamos el funcionamiento de una implementación en donde el proceso de medición se lleva a cabo es el cuarto principio del manifiesto ágil. En una ocasión pude conocer por convencimiento propio lo que ya había escuchado anteriormente. Lo que no se mide no mejora. Según monografías.com, "Se considera que el **proceso** es eficaz siempre que el índice de eficacia real

(IEReal) sea mayor o igual que el índice de eficacia establecido como referencia (IERef). Por ejemplo, un **proceso** se considera eficaz al alcanzar un por ciento mayor al 80 % de referencia". Este es el cuarto principio del manifiesto ágil. La evolución de los procesos no es un elemento subjetivo. Se puede medir con indicadores concretos para que el proceso de medición sea integro y confiable.

IEReal > IERef, como métrica el objetivo debe ser > 80%

Desarrollo sostenible

Los procesos ágiles impulsan el desarrollo sostenido y constante de forma continua. Este es el quinto principio ágil. Hay que desarrollar las habilidades y destrezas necesarias en los recursos de la organización para poder maximizar la gestión de desempeño. Se debe identificar si las cosas que están haciendo nos dirigen a los resultados esperados, si no para inmediatamente llevar a cabo acciones correctivas con miras a mejorar el proceso de forma constante y continua. Por tal razón, cada recurso o empleado de la empresa en su carácter personal debe velar por su propio mejoramiento continuo, sin perder de perspectiva que la sinergia es y debe ser el elemento resultante de nuestros esfuerzos individuales. La forma de ejecutar los proyectos debe garantizar en sí misma su continuidad y sustentabilidad. No es una cuestión de hacer por hacer. De otra manera no se podría dar un desarrollo sostenible y con mejoramiento continuo que es en esencia una de nuestras prioridades.

Trabajo (cercano) en equipo

El sexto principio del manifiesto ágil plantea la necesidad de trabajar en equipo manteniendo la proximidad de los recursos. Los líderes de los proyectos deben ejercer su labor en el mismo terreno donde tienen lugar las tareas y no separadamente. Hay que dejar establecido que el trabajo en equipo es una de las mejores estrategias para poder obtener el mejoramiento constante, sostenido y permanente de todos los procesos en la organización. La traducción en inglés de trabajo en equipo se define como "TEAM" y el verdadero significado de la palabra "TEAM" es el siguiente, "Together everyone achieve more". Lo que quiere decir en buen castellano que si todos nos unimos y trabajamos en equipo nos podemos desempeñar mejor. Para lograr esto voy a citar a mi autor favorito en términos de liderazgo, John C. Maxwell, quien mencionó en unos de sus libros lo siguiente y cito: "Nadie por si solo ha podido crear algo de valor. Para ser exitosos debemos contar con un equipo ganador (sinergia). No debemos limitarnos a contar solo con nuestras habilidades, sino que logremos complementarla con un equipo ganador".

Comunicación

El séptimo principio del manifiesto ágil plantea el tema de la comunicación cara a cara "face to face" en inglés. En una ocasión estuve participando de una entrevista interna de trabajo para la empresa la cual trabajo. La misma representaba una oportunidad para comunicarme, pero en el idioma inglés. El medir las destrezas de comunicación requiere un amplio dominio de lo que evalúa y sobre todo el conocimiento de lo esperado. Gracias a mi interés y deseo de desarrollar un segundo idioma adicional al español pude aprobar la misma, y de esa manera seguir con el proceso de evaluación y selección de candidatos para la plaza la cual aspiraba. En mi libro "En Tiempos de Crisis" comento lo siguiente; "La habilidad de compartir nuestros conocimientos, cambiar las actitudes y el mejoramiento de habilidades son características indispensables y necesarias para convertir ese deseo en resultados exitosos". Para comunicarnos efectiva y eficientemente se requiere un completo dominio de lo que se transmite. Por lo tanto, el manifiesto ágil en este principio establece la comunicación cara a cara como sumamente relevante y preponderante. Donde el gestor responsable debe comunicar de forma eficaz sus mensajes, mucho mejor si se hace de forma presencial. Se recomiendan reuniones periódicas tanto con el cliente como con sus colaboradores. Por lo tanto, como dicen en mí país, no debemos hablar por hablar. Ya que si nos comunicamos con claridad se establecen lazos de entendimiento y comprensión entre las partes.

Motivación

El octavo principio del manifiesto ágil nos habla sobre la motivación y la confianza. En mi libro "En Tiempos de Crisis – Una oportunidad para crecer" defino motivación como lo siguiente: "La palabra motivación se deriva de la palabra en latín "motus", que significa movido o de "motio", que significa movimiento. Normalmente la palabra motivación va dirigida a crear en un recurso el impulso necesario para alcanzar su máximo potencial o para satisfacer una necesidad personal. Es aquí cuando la actitud que presentamos ante esos estímulos o impulsos dirige el comportamiento de los recursos hacia el trabajo que desempeñan para así alcanzar las metas y objetivos deseados. Si ustedes me preguntan cómo defino en mis propias palabras la motivación, les diría que es *"todo aquello que conduzca al individuo a activar la creatividad, la innovación, el intelecto, los deseos y la buena voluntad dirigidos a alcanzar las metas, objetivos y sueños"*. La motivación es un componente indispensable en las organizaciones donde sus directivos deben estar conscientes de la necesidad de incorporar programas motivacionales que reviertan las conductas negativas de los recursos. La confianza en nosotros mismos y en nuestros colaboradores nos abre un abanico de posibilidades de crecimiento y desarrollo sin parangón. Las relaciones basadas en la confianza fomentan un ambiente de trabajo positivo, buena comunicación y empatía que son elementos indispensables para alcanzar el éxito. Tal como menciona John C. Maxwell: "El éxito ya no es una meta futura en la distancia. Es una realidad presente". Una realidad es que con motivación y confianza en nuestros colaboradores alcanzaremos el éxito y la prosperidad, y con desmotivación no.

Excelencia

Según el portal definición.de define la excelencia de la siguiente manera: la excelencia es una palabra que permite resaltar la considerable calidad que convierte a un individuo u objeto en merecedor de una estima y aprecio elevados. El noveno principio del manifiesto ágil es la excelencia. En nuestras vidas asociamos excelencia a realizar actividades con un gran sentido de eficiencia y eficacia. No obstante, una vez más la calidad asume un rol relevante. No basta con hacer las cosas bien, hay que hacerlas mejor. En mi libro "En Tiempos de Crisis- Una oportunidad para Crecer" resalto lo siguiente; "Para lograr alcanzar un alto grado de excelencia en la gestión de servicio al cliente es necesario consolidar un equipo de trabajo que integre recursos altamente capacitados y adiestrados con las destrezas necesarias para maximizar su aportación en áreas tales como mercadeo, finanzas, sistemas y logística. La directa colaboración de cada uno de estos miembros puede definir soluciones integradas que contengan planes de acción dirigidos y ágiles, específicamente para complementar la estrategia de la organización". Los invito a vivir con excelencia en todos los aspectos de nuestras vidas, solamente de esa manera alcanzaremos las metas y objetivos que nos tracemos.

Simplicidad

Según el portal definiciones-de.com: Lo define como 1. Sencillez 2. Candor, falta de inteligencia. En otras palabras, es mantenerlo lo más sencillo posible. Nuestra naturaleza es siempre a complicar las cosas más de lo debido. En mi libro "En Tiempos de Crisis" comento lo siguiente, "Hace varios años, mientras participaba de un seminario fundamental de "Calidad total", el instructor comenzó a hablarnos sobre el tema del liderazgo. Compartió con nosotros varias definiciones y anécdotas que hacían referencia a este tema. Pero a pesar de las complejas definiciones al cual hacía referencia, la que más me impactó fue una muy simple y llena de una gran verdad. La misma fue la siguiente: "líder no es el que empuja, líder es el que hala". La naturaleza de esta frase es una muestra de simplicidad, en donde se plantea el décimo principio del manifiesto ágil. Mantener las cosas simples y en su justa perspectiva nos da una radiografía fiel y exacta de lo que tenemos, queremos y aspiramos. Por lo tanto, las tareas que llevamos a cabo deben ser los más sencillas posibles. Tal como dice el décimo principio del manifiesto ágil la simplicidad. "Si alguna tarea no puede ser ejecutada en sus términos, debe ser dividida en interacciones hasta que se reduzca su nivel de complejidad y llevarla a un nivel básico en términos de simplicidad. Las tareas han de ser lo más sencillas posible. Si alguna no puede ser ejecutada en esos términos, debe ser dividida en interacciones hasta que se reduzca su nivel de complejidad".

Autoorganización- autogestión

La autoorganización es un proceso de orden o coordinación que surge de las interacciones locales entre los componentes de un sistema inicialmente desordenado. La autoorganización es el undécimo principio del manifiesto ágil y se da en una gran variedad de fenómenos físicos, químicos, biológicos, sociales y sistemas cognitivos. *"Los Equipos Scrum son multifuncionales, es decir que los miembros aportan todas las competencias necesarias para crear valor en cada Sprint. Son autoorganizados y autogestionados".* Según Scrum.org la autoorganización es el punto de partida para el empoderamiento y colaboración como cultura que se requiere para reducir el control fomentando el crecimiento, la creatividad y líderes. La autogestión implica un mayor nivel de toma de decisiones, responsabilidades y colaboración que llevan a maximizar el trabajo en equipo para lograr la entrega de valor. Este principio está constituido y basado en la colaboración como catalizador. Los equipos se autoorganizan con un propósito, una misión y visión en común. Trabajando así en total sinergia para la solución de los problemas y situaciones que se presentan.

Adaptación

El duodécimo, último y no menos importante principio del manifiesto ágil trata sobre adaptación a circunstancias cambiantes en el período de tiempo más corto posible y relacionado con su trabajo. Los proyectos no suelen terminar de la misma forma en que empezaron. Es sumamente importante que los recursos que llevan a cabo los procesos puedan adaptarse a las distintas circunstancias cambiantes e imprevistos que puedan surgir. Como manejamos el cambio va a definir no tan solo mi reacción ante los mismos sino en la forma y manera en que yo me adapto a ellos. El cambiar requiere esfuerzo, dedicación, compromiso y entrega, cualidades que nosotros en muchas ocasiones no estamos dispuestos a asumir. Los cambios y las adaptaciones que se deben introducir en la empresa deben ser combinados con las tendencias mundiales y la dirección de la nueva economía para así mantener la competitividad y en un proceso de adaptación continuo. Es necesario que ante los cambios que experimentan las organizaciones a nivel mundial como resultado de la globalización, las empresas deben ser más ágiles y proactivas en estrategias que ayuden a mejorar la efectividad, la eficiencia y competitividad.

Otros conceptos y definiciones

Liderazgo Ágil

En una ocasión estuve participando de un adiestramiento en donde el instructor comento lo siguiente: "líder no es el empuja, líder es el que hala". Esta misma frase la utilicé como referencia en el tema de simplicidad. El liderazgo es un tema que nunca pasa de moda. Muchos cuestionan la capacidad de liderazgo en todos los ámbitos, desde las más bajas esferas de la sociedad hasta las más altas. En el siglo 21 en donde el liderazgo se mide de diversas maneras, es necesario reflexionar que estamos haciendo como sociedad para forjar una nueva generación de líderes. En el pasado ante la ausencia y el limitado acceso a la información la única herramienta que utilizaban eran los libros y escritos realizados por unos grandes pensadores. Ahí está el problema actual, a diferencia de los antiguos la generación actual quiere aprender con un "clic", para en un instante llenarse de conocimiento ilimitado. Hay que recordar que para guiar a otros debemos haber sido nosotros seguidores de un buen líder, no solo para escucharlo sino para emularlo. Por eso atiendo en mi libro la vertiente del liderazgo transformador. Ya que este transforma nuestra mente, nuestro cuerpo y sobre todo el espíritu.

Según el portal hitos.global/que-es-un-líder-ágil/, define el liderazgo ágil de la siguiente manera: "En esencia, es la habilidad de liderar efectivamente bajo condiciones de cambio acelerado y complejidad incremental. Ya que esta tendencia afecta a todos los niveles de gestión, es una competencia que es incrementalmente necesaria no solo en niveles ejecutivos, sino a lo largo y ancho de una organización". El Liderazgo Ágil es esencial si una organización realmente va a hacer un cambio a un Negocio Ágil. Es importante entender la relevancia de la Comunicación, el Compromiso y la Colaboración dentro de una cultura Ágil. Voy a presentar las prácticas de Liderazgo Ágil con los "Nueve Principios del Liderazgo Ágil" que dan soporte a la transformación Ágil. Esta tabla muestra como los nueve principios se alinean con los 3 conceptos clave de Comunicación, Compromiso y Colaboración.

Las 3 C del Liderazgo Ágil

CONCEPTOS		GUIA PARA: (PRINCIPIOS)
Comunicación	1	Desarrollar
	2	Reflexionar
	3	Aprender
Compromiso	4	Inspirar
	5	Apalancar
	6	Unificar
Colaboración	7	Empoderar
	8	Lograr
	9	Innovar

Fuente: Hitos.com

Resiliencia

Según el portal significados.com la palabra resiliencia se refiere a la **capacidad de sobreponerse a momentos críticos y adaptarse** luego de experimentar alguna situación inusual e inesperada. También indica volver a la normalidad. Resiliencia es un término que deriva del verbo en latín *resilio,resilire*, que significa "saltar hacia atrás, rebotar". La resiliencia es una aptitud que adoptan algunos individuos que se caracterizan por su postura ante la superación de una adversidad y de mucho estrés, con el fin de pensar en un mejor futuro. Ahora bien, se denomina como resiliente a aquella persona que, en medio de una situación particular, es asertiva y convierte el dolor en una virtud como, por ejemplo, el padecimiento de una enfermedad, la pérdida de un ser querido, la pérdida de cualquier parte de su cuerpo, quedar en bancarrota, entre otros.

Desde el año 2017 Puerto Rico ha sido impactado por huracanes, terremotos, y pandemias que han puesto a prueba la resistencia y la resiliencia de todos. En muchas ocasiones en nuestras vidas enfrentamos situaciones, problemas que nos abruman y que se asemejan a una gran tormenta. En los días de lluvia la única opción que tenemos es abrir nuestros paraguas y dejar que la lluvia corra a través de estos. En nuestras tormentas personales la actitud que asumimos frente a estas define cómo nos vamos a sentir y cómo vamos a responder ante ellas. La actitud con que enfrentamos nuestros retos en la vida define en gran manera la forma en que nos sentimos y cómo actuamos. No importa cuán grande sean las tormentas que nos enfrentamos, una actitud positiva va a ser el catalizador que guiará nuestros sentimientos y emociones hacia el éxito personal.

La resiliencia es la herramienta que nos permite a nosotros desarrollar capacidad de poder ser resiliente y hacer frente a las distintas adversidades que se nos presentan en la vida cotidiana. Ante situaciones difíciles nos permite desarrollar conductas positivas ante el estrés, las amenazas o algún conflicto temporero o permanente. Somos seres emocionales por lo tanto la perspectiva que presentemos ante las crisis será un detonante indispensable para que sea la resiliencia el catalizador que nos impulse a superarnos y alcanzar el éxito. Por lo tanto, la inteligencia emocional puede obrar a nuestro favor si podemos canalizar todas esas energías positivas en aras que ser más funcionales, íntegros, balanceados y aptos para superar los obstáculos que se presenten. La actual amenaza que nos asedia con la pandemia del Covid-19 ha hecho que seamos mucho más resilientes y que nos podamos sobreponer ante esta amenaza que nos impacta la vida en todas sus manifestaciones. Es la resiliencia el antídoto para las crisis y la luz que dispersa la oscuridad que nos nubla el entendimiento.

Empatía

Según el portal significados.com la palabra la empatía es la intención de comprender los sentimientos y emociones, intentando experimentar de forma objetiva y racional lo que siente otro individuo. La palabra empatía es de origen griego *"empátheia"* que significa "emocionado". La empatía hace que las personas se ayuden entre sí mismas. Está estrechamente relacionada con el altruismo - el amor y preocupación por los demás - y la capacidad de ayudar. Cuando un individuo consigue sentir el dolor o el sufrimiento de los demás poniéndose en su lugar, despierta el deseo de ayudar y actuar siguiendo los principios morales. La capacidad de ponerse en el lugar del otro, que se desarrolla a través de la empatía ayuda a comprender mejor el comportamiento en determinadas circunstancias y la forma como el otro toma las decisiones. Esta palabra ha sido utilizada con bastante frecuencia durante los pasados años por su significado y aplicación. Tratar a los demás como queremos ser tratados, crea relaciones profundas, placenteras y duraderas. Sin relaciones significativas, la vida carece de sentido, no importa todas las cosas materiales o los conocidos que tengamos. Por lo tanto, piense en las personas con las que se relaciona durante la semana. En la vida empresarial es necesario ser empático para atraer y retener a los clientes. Ofrecer productos y servicios que excedan las expectativas de los clientes, sirviendo con calidad al extremo y eficiencia es promover la empatía.

La conducta en las organizaciones debe enfocarse, generalmente, en conductas observables y no solamente en las causas internas. Ya que como mencionamos anteriormente, el ser humano va a asumir en tiempos de crisis algunas posturas respecto a lo que lo motiva o lo mueve. De tal forma, esto tendrá un efecto en su comportamiento y sus relaciones con su entorno en el lugar de trabajo. Es sumamente relevante crear esfuerzos dirigidos a fomentar un clima organizacional positivo, en donde la sinergia y la empatía sean elementos indispensables para lograr armonizar la diversidad de caracteres y estilos que se fusionan en el lugar de trabajo. En la gestión del servicio al cliente la empatía juega un rol sumamente importante. Debemos pensar que el contacto que tenemos en un momento dado del día con un cliente es nuestra única oportunidad para mostrarle nuestros mejores atributos y, sobre todo cuando los clientes son nuestra razón de ser. Estos pueden llegar a pensar que cada uno de ellos es el único y exclusivo cliente en su día por tal razón es nuestro deber atender todas sus necesidades.

Compromiso

Según deconceptos.com compromiso significa prometer u obligarse moral o jurídicamente, al cumplimiento de una obligación, generando responsabilidad para el autor de la promesa. Es similar a una promesa, pero en el compromiso se asume la responsabilidad por los efectos de no cumplirse. La palabra compromiso en su significado más simple debe ser una cualidad que todos los líderes deben exhibir. En mi libro "En Tiempos de Crisis" comento lo siguiente, "El líder puede motivar a los empleados con el propósito de mantener sus niveles de energía y el compromiso bien en alto". Mantener un compromiso bien en alto con nosotros mismos es el elemento más importante en el desarrollo y crecimiento personal como el colectivo.

Crecimiento

En el libro "En Tiempos de Crisis" comento lo siguiente: "Para poder obtener crecimiento debemos comenzar a trabajar con nosotros mismos. Es imposible poder cambiar a los demás, ya que nos damos cuenta de que en la mayoría de las ocasiones solamente podemos controlarnos a nosotros mismos y con mucha dificultad. Tal como mencioné en el capítulo del liderazgo transformador, el cambio comienza transformándonos a nosotros mismos desde adentro hacia afuera. Por lo tanto, es necesario estar dispuesto y tener el deseo de cambiar para poder lograr esta transformación. El proceso de transmutar un deseo en algo tangible no es tarea fácil, requiere esfuerzo y, sobre todo, un compromiso genuino de nuestra parte. La única manera de poder romper con las ruinas de nuestras viejas maneras de pensar y trabajar con nosotros mismos es rompiendo paradigmas".

Para obtener crecimiento y desarrollo es necesario hacer un examen de introspección genuino de nuestras fortalezas y debilidades. Para así poder convertir nuestras debilidades en nuestra más preciada fuerza. Solo de esa manera crecí y no miento, *Crecimiento*.

En mi libro "En Tiempos de Crisis- Una oportunidad para crecer" hago referencia a una nota célebre de Albert Einstein y cito: "No pretendamos que las cosas cambien, si siempre hacemos lo mismo. La crisis es la mejor bendición que puede sucederle a las personas y a los países, porque la crisis trae progresos. La creatividad nace de la angustia, como el día nace de la noche oscura. Es en la crisis que nace la inventiva, los descubrimientos y las grandes estrategias. Quien supera la crisis, se supera a sí mismo sin quedar superado".

Actualmente vivimos tiempos de incertidumbre que nos quitan la paz. Puerto Rico se encuentra en un momento histórico en donde la crisis se recrudece a pasos agigantados. El reclamo de un pueblo indignado por las actuaciones de sus pasados, presentes líderes o gobernantes trastocan su intelecto y su animosidad. Y nos preguntamos, ¿qué podemos hacer? Considero que más allá de ser el problema debemos ser parte de la solución.

Gabriela Mistral, escritora y poetisa chilena, en una ocasión escribió una célebre cita que a mi entender mejor describe parte de la solución, y cito: "Vive para servir porque el que no vive para servir no sirve para vivir". Una explicación sencilla a una verdad muy profunda como esta, la puedo definir en buen castellano de la siguiente forma: "El que sirve, sirve y el que no sirve no sirve".

Ahí está una de las respuestas ante la crisis que vivimos. Debemos estar conscientes que elegimos nuestros líderes con el compromiso no para ser servidos sino para servir, a todo y a todos en la sociedad en su conjunto en el Puerto Rico en que vivimos y atesoramos.

Fracaso

Unos de mis autores favoritos en el tema del liderazgo es John C. Maxwell y el comenta en su libro "El lado positivo del fracaso" que el éxito es el fracaso al revés. A veces no entendemos ni comprendemos por qué las cosas ocurren de una u otra forma sin a veces esperar los resultados deseados. El camino al éxito requiere compromiso, entrega, sacrificio, pasión y sobre todo el deseo de superar todos los obstáculos que se presentan. Solo basta con tener la convicción de que pase lo que pase solo será un escalón más en la escalera hacia el éxito.

El fracaso prohíbe, cancela, obstaculiza, revierte, y la única manera de vencerlo es creer en nosotros mismos. El tener un tropiezo no significa que hemos fracasado, por el contrario, es un aviso de que tenemos que reagruparnos y tomar nuevas fuerzas para comenzar de nuevo. Porque en tiempos de fracasos y de crisis siempre hay una oportunidad para crecer.

Incertidumbre

"Todos los seres humanos en un momento en nuestras vidas experimentaremos incertidumbre e inseguridad ante las situaciones de crisis que enfrentamos." Esta porción está tomada del libro "En Tiempos de Crisis- Una oportunidad para crecer". En varias instancias en nuestra vida el miedo o incertidumbre formará parte de nuestras vidas. No es lo que experimentamos ante la incertidumbre es como reaccionamos ante ella. Sugiero que debemos ir más allá de nuestras posibilidades, sueños y retos. Es necesario llevar a cabo acciones afirmativas para mantener en alto nuestra autoestima, así como nuestra motivación. Ya que en situaciones de conflicto e incertidumbre prevalecen estresores que tratan de minar nuestra productividad, ejecución y en nuestra gestión de desempeño. No importa las eventualidades y situaciones que se presenten en el camino, porque ante la adversidad el que es valiente no se rinde, sino que lucha.

Ética

La Ética está directamente relacionada con este principio tan esencial. En el libro "En Tiempos de Crisis" comento lo siguiente: "El desarrollo gerencial de los recursos no se da única ni exclusivamente dentro del área de trabajo, sino que se puede dar fuera de su lugar de trabajo también. El estudio de casos, seminarios externos de capacitación, educación continua en universidades y talleres entre otros son herramientas que se utilizan para poder desarrollar a los recursos de la organización. Durante mi experiencia en el campo laboral he podido observar que en los pasados años ha habido un deterioro en el nivel de profesionalismo de los empleados en todos los niveles de jerarquía. En muchas ocasiones los canales de comunicación carecen de efectividad, ya que existen barreras de un lenguaje común con la posición que se ostenta, y la misma no está en armonía con la manera de conducirse el empleado. El respeto y el profesionalismo son cualidades indispensables que marcan la diferencia entre un empleado común de uno excepcional. La moral y la ética se han visto impactadas por esta ola de profesionales que más allá de apasionamientos se han dejado seducir por los placeres y tentaciones que se presentan en el ambiente laboral". Por lo tanto, mantener altos estándares de moral y ética marcan la diferencia entre hacer lo bueno o hacerlo excelentemente mejor.

Perseverancia

Del portal significado.de: del latín *perseverantia*, la perseverancia es la acción y efecto de perseverar. Este verbo hace referencia a mantenerse constante en un proyecto ya comenzado, una actitud u opinión, aun cuando las circunstancias sean adversas o los objetivos no puedan ser cumplidos. Perseverar también es durar por un largo período de tiempo.

En los pasados Juegos Panamericanos celebrándose en Lima, Perú vimos un ejemplo vivo de la perseverancia por parte de una tenimesista de la delegación de Puerto Rico. Todos en Puerto Rico estábamos paralizados frente al televisor ante lo que sería una derrota de la boricua frente al rival de Brasil. Luego de sobrevivir a cuatro "match point" con el partido a favor de la brasileña dos "sets" a uno, logro una de las remontadas más espectaculares vistas en la historia de los juegos. La puertorriqueña se armó de valentía y perseverancia para no darse por vencida y lograr remontar para ganar tres "sets" a dos ante su rival ante el delirante público que allí se encontraba. La resiliencia y perseverancia demostrada por la boricua le valió para ganar la medalla de oro en la disciplina de tenis de mesa por equipos. La actitud, la entrega, el compromiso, tenacidad, valor y sobre todo el saber que todo el pueblo estaba una sola voz apoyándola fue la clave. Que la misma perseverancia sea el combustible que necesita Puerto Rico para levantarse de nuevo y reconocer que "En Tiempos de Crisis" siempre hay una oportunidad para crecer.

Transformación

El portal definición.de significa – Transformación es la acción y efecto de transformar (hacer cambiar a algo o alguien, transmutar algo en otra cosa).

Considero que uno de los mayores retos que enfrentan las organizaciones actualmente es transformar las mentes de los recursos humanos de la empresa para alinearlos a la misión, visión, principios compartidos y competencias de la organización. Para lograr esto lo empleados deben ser adiestrados y capacitados con nuevos conocimientos y prácticas que les ayuden a desarrollar su máximo potencial y compromiso. En mis años como Instructor y Facilitador he experimentado el reto de transformar la manera de pensar de algunos de los participantes. No obstante, siempre el respetar su criterio no se debe dejar pasar por alto. Si queremos lograr un cambio en la actitud pasiva o conformista de algo o alguien, es necesario redirigir sus pensamientos hacia unas acciones y actividades positivas que mejoren la gestión de desempeño. La apatía, la postergación, la poca motivación, la falta de interés, la falta de compromiso y, sobre todo, el deseo de mantenernos en la zona de comodidad paraliza la capacidad de desarrollarnos y crecer.

Sustentabilidad

El *Diccionario de la Real Academia Española* aparece la palabra sostenibilidad, que refiere la cualidad de sustentable, el vocablo sustentabilidad ha venido ganando, con el paso del tiempo mayor arraigo entre los hispano hablantes de Latinoamérica.

Es sumamente importante tener en cuenta que la continuidad de los procesos que se llevan a cabo tenga un desarrollo y mejoramiento continuo tal como lo plantea la filosofía de Calidad Total. En mi libro comento lo siguiente: "Por definición, una visión actual sobre el concepto o filosofía de calidad es que debemos dar al cliente no necesariamente lo que quiere sino lo que nunca se hubiera imaginado que quería adquirir y que una vez lo posea pueda entender y comprender que lo que adquirió es lo que siempre había querido tener". Por lo tanto, no debemos hacer las cosas por hacerlas. Es nuestra responsabilidad trabajar de forma ágil y continua en aras de garantizar la continuidad de los procesos que se llevan a cabo. Solo de esa manera lograremos la sustentabilidad.

Entrega

En muchas ocasiones nos hemos hecho la siguiente pregunta, ¿estaré recibiendo mi pedido o requerimiento a tiempo? En Calidad Total el concepto del "just in time" tomó relevancia en el siglo pasado. Exceder la expectativa del cliente siempre debe ser una prioridad sobre todo en el cambiante y dinámico mundo de negocios actual como resultado de la globalización y comercialización. No tan solo esperamos que nuestra entrega se realice a tiempo, sino que la misma este acompañada de altos estándares de calidad y eficiencia. En mi libro comento, "En varias ocasiones cuando compramos o adquirimos algo que deseamos, esperamos que lo que obtenemos tenga ciertas características indispensables tales como buen funcionamiento, facilidad en el uso y manejo de este, y, sobre todo, que tenga aquello por lo cual nosotros como clientes pagamos". La entrega del producto o servicio debe cumplir con los parámetros de tiempo establecido ya que el ejecutar con un alto grado de prontitud y eficiencia ya que en la entrega es una prioridad para nuestros clientes.

Plan

En la vida todos debemos tener un plan. En todas las actividades que llevemos a cabo en nuestra vida cotidiana, dentro de nuestro trabajo requiere y es necesario estar preparados. Es aquí cuando el tener una planeación estructurada y basada en prioridades juegan un papel relevante. A través de la historia grandes batallas y guerras se han ganado utilizando una buena planificación. Las guerras son un ejemplo claro de estrategias y ejecuciones bien diseñadas para aniquilar a sus enemigos. Hombres que solo dedicaban su tiempo a pensar y volver a pensar cuáles serían las posibilidades de éxito o fracaso durante una incursión a otro territorio. El proceso para desarrollar e implementar planes para alcanzar las metas y objetivos de una organización se denomina estrategia. La planificación estratégica inicialmente se utilizaba, como bien mencioné, en asuntos militares donde se llamaba estrategia militar. En los negocios este concepto se utiliza para proporcionar una dirección general a una compañía o empresa. Por lo tanto, la planificación es necesaria para el éxito tanto personal como profesional.

"Los planes son inútiles, pero la planificación es indispensable"
Dwight D. Eisenhower

Eco

Según el portal definicion.de: El eco es la repetición de un sonido por un fenómeno acústico que consiste en el reflejo de la onda sonora en un cuerpo duro. Una vez se refleja, el sonido regresa al lugar de origen con un cierto retardo y, de esta forma, el oído lo distingue como otro sonido independiente.

En muchas ocasiones en nuestras vidas escuchamos el eco de nuestros pensamientos e ideas que van y vienen, una y otra vez a nuestra mente. El reconocer en donde se genera ese eco nos puede ayudar a poder discernir y comprender muchas de las cosas que experimentamos a diario. Para mí el eco significa lo siguiente: **E** entrega, **C** compromiso, **O** oportunidad. Debemos entregarnos completamente a nuestros sueños ya que estos visualizarán nuestro futuro, comprometiéndonos con nosotros mismos con el trabajo y el sacrificio que amerita, para así poder aprovechar la oportunidad de poder lograr lo que hemos soñado en el momento preciso y en el tiempo correcto. Atrévete a escuchar el eco en tu vida para que encuentres el reflejo de una vida exitosa y llena de logros alcanzados.

Paro

En wordreference.org Paro significa:

1. Cesación de un movimiento o una acción: *paro cardíaco, de una máquina.*

2. Interrupción en el trabajo: *hicimos un paro de cinco minutos.*

3. huelga, cesación voluntaria en el trabajo por común acuerdo de obreros o empleados.

4. Situación del que se encuentra privado de trabajo: *estar en paro.*

5. Conjunto de las personas que no tienen trabajo y situación de estas: *el paro ha disminuido en un ocho por ciento.*

En mi libro "En Tiempos de Crisis – Una oportunidad para crecer" comento lo siguiente: "Para poder obtener crecimiento debemos comenzar a trabajar con nosotros mismos. Es imposible poder cambiar a los demás, ya que nos damos cuenta de que en la mayoría de las ocasiones solamente podemos controlarnos a nosotros mismos y con mucha dificultad. Tal como mencioné en el capítulo del liderazgo transformador, el cambio comienza transformándonos a nosotros mismos desde adentro hacia afuera. Por lo tanto, es necesario estar dispuesto y tener el deseo de cambiar para poder lograr esta transformación".

En muchas ocasiones en mi vida he tenido que vivir lo llamado, paro nacional. Una expresión de pueblo que en principio se manifiesta en contra de la conducta, expresiones y gestión administrativa de algo o hacia alguien. No obstante, es necesario recalcar que más allá de expresarnos es nuestra responsabilidad hacer un alto o paro para analizar las verdaderas motivaciones, para ver como nosotros podemos contribuir con nuestro esfuerzo el bienestar de todo y de todos.

Procrastinar

Según significados.com significa: posponer o aplazar tareas, deberes y responsabilidades por otras actividades que nos resultan más gratificantes pero que son irrelevantes. Procrastinar es una forma de evadir, usando otras actividades como refugio para no enfrentar una responsabilidad, una acción o una decisión que debemos tomar. Al procrastinar, lo que hacemos es posponer las cosas para un futuro indefinido e idealizado, en el cual creemos que tendremos el tiempo suficiente para realizar aquel asunto pendiente de la manera que queremos.

La procrastinación es un mal que se ha apoderado de las empresas y los negocios por diferentes razones y circunstancias. En mi libro comento lo siguiente: "En varias ocasiones me ha tocado a mí personalmente, transformar mi mente para aceptar los cambios en diferentes situaciones en la vida. La apatía y la postergación en varias ocasiones causa que no tome con premura decisiones importantes en mi vida. Pero lo que se hace sumamente difícil en esos momentos es, reprogramar mi mente para poder cambiar lo que pienso y lo que hago." El dejar todo para más tarde es un comportamiento aprendido especialmente por nosotros. Es necesario cambiar la perspectiva de lo que se piensa y lo que se hace en asuntos relacionados con nuestros viejos paradigmas. Si nos quedamos en la zona de comodidad en la mayoría de las ocasiones, nos hace pagar un alto precio el cual más adelante pudiésemos arrepentirnos y que no estaríamos dispuestos a aceptar. Por lo tanto, procrastinar nos limita en nuestro camino al éxito y autorrealización.

Miedo

Eran las 4:24am de la madrugada en Puerto Rico el 7 de enero de 2020 mientras dormía. De pronto una serie de movimientos telúricos interrumpieron mi sueño. Un terremoto con una magnitud de 6.4 e intensidad VIII (Escala Mercalli Modificada) en el área sur, afectando al pueblo de Guánica y pueblos adyacentes. Le comento a mi esposa, ¿qué pasó? De pronto caigo sentado en mi cama y me percato que tiembla la tierra. Mi esposa comienza a elevar sus plegarias al cielo mientras por aproximadamente 30 segundos vivimos un tiempo de miedo, temor y sobre todo pavor. Puerto Rico tembló con un estruendo que estremeció toda la isla, y con un movimiento lateral. Esto continúa provocando unas secuencias sísmicas por varias semanas y hasta nuestros días presentes. En mi libro "En Tiempos de Crisis" comento lo siguiente, "El temor o miedo causa inmovilidad, parálisis, inacción y limita la falta de creatividad en las personas. Causa histeria, temores e inseguridad en las personas que lo experimentan. Tan pronto sentimos miedo comienzan en nuestro cuerpo a liberarse enzimas y sustancias que alteran nuestra respiración, pulso, presión arterial, nos causa sudoración excesiva o nos petrifica manteniéndonos inmóviles como piedras en el río. Por otro lado, el miedo puede ser un detonante que nos impulsa a hacer cosas que jamás esperaríamos de nosotros mismos". Por lo tanto, lo importante es mantener la calma porque todo pasa a su tiempo. Utilicemos el miedo positivamente como un catalizador hacia el éxito.

ADD

Mucho se ha estado hablando en relación con este término en los pasados años. El mismo asociado al déficit de atención que presentan nuestros niños y adolescentes. No obstante, dichas siglas representan otra interesante vertiente. **A** actitud, según comento en mi libro la actitud es todo en la vida. Así que debemos reírnos cada mañana y encontrar en cada día la oportunidad para crecer. **D** determinación, solo aquellos que no se rinden logran alcanzar el éxito. Enfrentar nuestras situaciones y conflictos en la vida con determinación nos da la fuerza necesaria para nunca rendirnos y tener esperanza. **D** dinamismo, el tiempo es dinámico, las situaciones que enfrentamos en la vida cotidiana también. El mantener un nivel de energía en alto y estar preparado para responder adecuadamente las eventualidades requiere dinamismo. Es la fuerza que nos mantiene moviéndonos hacia adelante. Albert Einstein comento lo siguiente y cito: "Hay una fuerza motriz más poderosa que el vapor, la electricidad y la energía atómica. Esa fuerza es la voluntad". Para obtener crecimiento y desarrollo debemos creer en nuestras destrezas y habilidades que nos conducirán a una gestión a otro nivel de ejecución.

Conflicto

Wikipedia.org define conflicto es: "El conflicto es una situación en la que dos o más personas con intereses contrapuestos entran en confrontación, oposición o emprenden acciones mutuamente antagonistas, con el objetivo de neutralizar, dañar o eliminar a la parte rival, incluso cuando tal confrontación sea verbal, para lograr así la consecución de los objetivos que motivaron dicha confrontación. Por su condición a menudo extrema o por lo menos conformacional en relación con objetivos considerados de importancia o incluso urgencia (valores, estatus, poder, recursos escasos) el conflicto genera problemas, tanto a los directamente envueltos, como a otras personas".

El conflicto en sí mismo trae tensión, y aporta significativamente a la baja de productividad en los recursos humanos de la empresa. El principio de colaboración establece y plantea el tema de agilidad, el cual viene a ser el bálsamo que disminuye la tensión entre las partes. Es la comunicación asertiva y la implementación de estrategias dirigidas a mantener un ambiente de trabajo positivo lo que incrementa la gestión de desempeño y mejora la comunicación. La necesidad de tener interacciones entre los colaboradores que vayan dirigidos a ser parte de la solución y no del problema es fundamental.

En las pasadas semanas Puerto Rico se ha visto inmerso en varios conflictos, propios del ambiente e inestabilidad social, política y económica existente. No obstante, cuando los ánimos vuelven a su equilibrio aparece el deporte como un bálsamo para el alma de nuestro pueblo. En Lima Perú se llevaron a cabo los XVIII Juegos Panamericanos 2019 y es el deporte una vez más que unió a los pueblos en una sola voz. Que el espíritu deportivo pueda más que todo aquello que pueda separarnos porque al final, todos somos hermanos.

Especulación

El portal definición.de: Del latín *speculatio* es la acción y efecto de especular (perderse en una hipótesis sin base real, reflexionar con hondura, registrar con atención algo para examinarlo). El ejercicio del periodismo investigativo es una de las ramas del periodismo que refleja mayor veracidad. Ya que mediante la investigación y corroboración de las informaciones se valida o se descarta una hipótesis o planteamiento realizado con la intención de ofrecer un ángulo distinto según la perspectiva del que ofrece la opinión.

Actualmente la especulación raya en lo absurdo. Planteamientos sin fundamento hasta en muchas ocasiones mal intencionados se basan solamente en la especulación. La verdad da libertad, por lo tanto, es necesario ser responsable en lo que dice y lo que se escribe. Ya que acciones como esta desvirtúa la realidad y enajena las mentes de aquellos que solo reaccionan ante una mera especulación.

Tanto en la empresa pública como privada la palabra especular debe ser vedada, en mi opinión. Para que la responsabilidad prevalezca y el norte sea la verdad en todas sus manifestaciones.

Fénix

El ave Fénix, o "Phoenix" en inglés, es un pájaro mítico de la mitología griega, que se consumía por acción del fuego cada 500 años, pero luego resurgía de sus propias cenizas. Según el mito, poseía varios dones, como la virtud de que sus lágrimas fueran curativas. El ave Fénix también tiene el poder de transformarse en un pájaro de fuego, y es del tamaño de un águila. Por su muerte de manera diferente, el ave Fénix se ha convertido en un símbolo de fuerza, de purificación, de inmortalidad y de renacimiento físico y espiritual.

Dado a los recientes acontecimientos en la sociedad de mi país Puerto Rico es necesario llevar nuestros pensamientos y acciones a la más profunda reflexión de en donde estamos y hacia dónde vamos. La falta de liderazgo en todas sus manifestaciones ha sido a mi entender la mayor piedra de tropiezo. Es hora de dejar a un lado los apasionamientos, disputas, controversias y sobre todo enfocarse en lo más importante, encaminarnos en un nuevo rumbo a nuestro país. Para lograr esa transformación política, social, cultural y económica debemos resurgir como el ave Fénix. En donde la moralidad, la ética, los valores, y la fuerza de espíritu sean los faros que nos guíen hacia puerto seguro. Solamente de esa manera lograremos superar todos los obstáculos que se presentan y resurgir como pueblo, tal como lo hace el ave Fénix desde las cenizas.

Conciencia

Según significados.com el significado es: "La conciencia es la capacidad propia de los seres humanos de reconocerse a sí mismos, de tener conocimiento y percepción de su propia existencia y de su entorno".

En tiempos de crisis es necesario examinarnos nosotros mismos para identificar las causas de las crisis y ver la forma de superarlas. En mi libro menciono lo siguiente y cito: "En tiempos de crisis no podemos ni debemos ser emocionales y buscar soluciones extraordinarias a problemas ordinarios. Lo que debemos hacer es ir al principio, a las raíces, en otras palabras, a lo básico. Hacer aquellas pequeñas cosas que en un principio nos llevaron al éxito y a la consistencia".

Al hacer un examen de conciencia honesto estaremos en posición de tomar las decisiones correctas por los motivos correctos. El reconocer nuestros errores es en principio el primer paso a la recuperación física, mental y espiritual. Para poder triunfar ante lo desagradable debemos enfocarnos y asumir la responsabilidad de nuestras acciones de manera que continuemos hacia la ruta del éxito. El camino no va a ser nada fácil, pero si tenemos la confianza en nosotros mismos no importa las adversidades todo marchará bien.

Promotor

Promotor significa: Que promueve algo. Ejemplo; "El papel del Estado como promotor de cambios estaba en la mayoría de las conciencias de los políticos ilustrados del siglo; nueve países de América del Sur y el Caribe son los promotores de esta iniciativa". En una ocasión en un adiestramiento de "Calidad Total" que estuve participando en donde el instructor comento lo siguiente "Vive de tal forma que nadie crea lo malo que puedan decir de ti", cierro la cita. Es relevante que nuestra gestión de desempeño esté a la altura de la responsabilidad que se nos ha conferido. "Los valores, parte medular del proceso, definen la capacidad del ser humano para tratar con dignidad y respeto a todos sus colaboradores y, sobre todo, a los clientes. Manteniendo altos valores éticos y morales fomentamos un ambiente de trabajo positivo, basado en actuaciones que reflejan nuestro compromiso y responsabilidad hacia el trabajo que desempeñamos". En el ambiente empresarial se mide el "NPS" en otras palabras "Net Promoter Score" una métrica sumamente importante. Si queremos ser promotores de buenas acciones y comportamientos que sean modelos para seguir, es nuestra responsabilidad comportarse y manifestarse con principios basados en el respeto y honestidad.

Contrato

Según el portal definicion.de contrato: es un término con origen en vocablo latino contractus que nombra al convenio o pacto, ya sea oral o escrito, entre partes que aceptan ciertas obligaciones y derechos sobre una materia determinada. El documento que refleja las condiciones de este acuerdo también recibe el nombre de contrato.

Los contratos se realizan para honrarse, pero en muchas ocasiones no necesariamente es así. Cuando se anteponen los intereses personales a los colectivos empiezan de una manera u otra a castrarse el acuerdo que se había llegado. Lo vemos mucho por ejemplo entre amistades, colaboradores, vecinos, compañeros de labores entre otros. Es necesario que la palabra empeñada se cumpla y que las palabras escritas se honren. Todo es cuestión de honestidad y responsabilidad, no solo con nosotros mismos sino más bien con los demás. Así que es mejor tener un *con* sumado a un buen *trato* para que el contrato sea el mejor entre las partes.

Actitud

Cambiar nuestra actitud y nuestra forma de pensar, para otros solamente es un cambio pasajero que solamente el tiempo definirá su resultado. Por tal razón, es bien importante que transformemos nuestro ser interno para poder alcanzar todas aquellas cosas que nosotros hemos definido como nuestras metas y objetivos. La única forma de lograr transformar nuestras mentes es comprometiéndonos con nosotros mismos. Como organizaciones debemos transformarnos y renovarnos continuamente, moviendo todos nuestros esfuerzos hacia las tendencias de la industria y poder eliminar aquellos elementos que nos impiden movernos. Stephen Covey mencionó lo siguiente: "Es necesario que eliminemos las barreras entre los equipos y desarrollar la habilidad de los empleados de enfocarse en las más altas prioridades de la organización."

Actitudes negativas son las que causan inacción, resistencia, pobre desempeño, falta de motivación y, sobre todo, la inhabilidad de poder aceptar que todos los días de nuestras vidas requiere que aprendamos cosas nuevas y nos sigamos desarrollando. Cuando se quiere cambiar la forma de pensar en una persona o individuo, primeramente, como por arte de magia comienza una lucha interna entre dos, el que quiere cambiar y el que no quiere. La actitud que asumimos ante los cambios va a definir, en la mayoría de los casos, la forma y manera en que transformamos nuestra mente. Por otro lado, puede causar que lentamente vayamos cayendo en el famoso letargo de los empleados que se conforman con solamente hacer lo necesario para sobrevivir día tras día hasta que llegue el codiciado día del retiro. Considero que más allá de vernos como simples sobrevivientes todos los días de nuestra vida debemos vernos como agentes de cambio. La incorporación de metodologías ágiles para compartir nuestros conocimientos, cambiar las actitudes y fomentar el mejoramiento de habilidades son características indispensables y necesarias para convertir ese deseo en resultados exitosos.

Innovación

Wikipedia.com define como lo siguiente: "Innovación es un proceso que introduce novedades y que se refiere a modificar elementos ya existentes con el fin de mejorarlos, aunque también es posible en la implementación de elementos totalmente nuevos". En principio este concepto tiene dos vertientes, una es que re innovar, o sea, cambiar algo para mejorarlo lo que previamente estaba hecho. Y segundo crear alguna cosa que sea totalmente nueva.

Cuando innovamos utilizamos nuestra creatividad para realizar o llevar a cabo una idea que tenemos en nuestra mente. Esto con el propósito de resolver alguna situación o conflicto que se nos presenta. Durante esta pandemia la innovación ha sido la orden del día.

Científicos de todo el mundo han estado innovando para crear una vacuna que perpetúe a la humanidad y detenga esta amenaza que nos afecta a todos. En nuestra vida diaria debemos ser creativos e innovadores para resolver nuestros problemas y conflictos que se presentan. En una ocasión escuché lo siguiente y cito: " la solución y respuesta a todos los problemas que enfrentamos en la vida está a la vuelta de la esquina, solo tenemos que caminar hasta ella para alcanzarla". De esa manera posiblemente mientras caminamos hasta la esquina de nuestras vidas innovamos la solución a nuestro problema.

Reinventar

Según el diccionario reinventarse significa: rehacer completamente su vida una persona, especial en el ámbito laboral. Para que las empresas puedan reinventarse es necesario desarrollar nuevas líneas de negocios sin perder su esencia. Dicho vocablo ha estado en boca de todos como dicen en mi país natal Puerto Rico. En los pasados tres años Puerto Rico ha experimentado huracanes, terremotos y por último la pandemia del Covid-19. Muchos individuos y empresas han tenido que reinventarse para mantener su prevalencia en el mercado creando estrategias y alianzas que le han permitido subsistir ante estos tiempos difíciles. En mi libro " En Tiempos de Crisis- Una oportunidad para crecer" planteo estrategias y conceptos básicos para poder reinventarse y comenzar de nuevo. No hay que inventar la rueda ya está creada. Hay que ir a las raíces, a lo básico. Hacer aquellas pequeñas cosas que en su momento nos llevaron al éxito y la prosperidad. Solamente hay que tener la certeza y la confianza en uno mismo para enfrentar los eventos y acontecimientos impredecibles de la vida. La existencia diaria es dinámica y cambiante, pero en tiempos de crisis el reinventarse es un catalizador que va a activar nuestra creatividad e innovación. Ya que el que es valiente, no se rinde, sino que lucha ante los retos inevitables de la vida en aras de alcanzar el éxito y la prosperidad.

Influencia

Wikipedia, la palabra influencia la define de la siguiente manera: La **influencia** es la cualidad que otorga capacidad para ejercer un determinado control sobre el poder por alguien o algo. La influencia de la sociedad puede contribuir al desarrollo de la inteligencia, la afectividad, el asertividad, el comportamiento y, personalidad. Cuando una persona ha vivido en sociedad y, por razones extremas, se encuentra privada de las relaciones con los demás, teniendo que vivir totalmente aislado, de inmediato comienza a organizar su vida siguiendo los patrones que la sociedad en la que vivía le enseñó.

En mi libro "En Tiempos de Crisis" hago mención del término influencia en el tema de liderazgo. "El liderazgo es un intento de influencia interpersonal, dirigido a través del proceso de comunicación, al logro de una o varias metas". Es indispensable tomar en consideración que todo esto es posible si logramos fomentar un cambio cultural en la organización, que debe ser influenciado por aspectos tales como formación y sensibilización. Cada uno de estos atributos debe ser ponderado y descrito claramente para que pueda influenciar a los recursos de la organización como parte de su estrategia clave para alcanzar el éxito y mejorar el ambiente laboral. El trabajo en equipo y la interdependencia de los integrantes de este ejerce gran influencia en la motivación. Por tal razón, es importante utilizar buenas prácticas gerenciales dentro del círculo de influencia que tiene toda aquella persona que supervisa a otros.

Equilibrio

Según significados.com equilibrio se define como lo siguiente: ¿Qué es Equilibrio?:

Equilibrio es el estado de un cuerpo cuando la suma de todas las fuerzas y momentos que actúan en él se contrarrestan. Proviene del latín *aequilibrĭum*, que se compone de "*aequus*", que significa 'igual', y "*libra*", 'balanza'. Decimos que alguien o algo está en equilibrio cuando, a pesar de tener poca base de sustentación, se mantiene de pie sin caerse. En este sentido, sinónimos de equilibrio son contrapeso, compensación o estabilidad.

Por extensión, reconocemos equilibrio en situaciones de armonía entre cosas diversas o entre las partes de un todo. Actitudes como la ecuanimidad, la mesura, la cordura, la sensatez y la compostura, por ejemplo, son tenidas como muestra de equilibrio, así como también relacionamos el equilibrio con la salud mental de una persona.

En muchas ocasiones en nuestra vida cotidiana hemos escuchado la palabra equilibrio. No sin antes pensar que esta palabra puede relacionarse directamente con el término balance. Es necesario estar en completo balance y equilibrio de nuestras emociones para poder tener un alto grado de paz, gozo, y sobre todo manifestarse como una persona o individuo feliz. En tiempos de crisis es necesario tener la agilidad necesaria para mantenerse en perfecto balance y equilibrio para tomar decisiones acertadas y estar dispuesto a hacer los cambios necesarios para mantenerse continuamente mejorando. En esos momentos en que buscamos el balance perfecto debemos estar dispuestos a arriesgarlo todo por buscar el ansiado equilibrio. Por lo tanto, el equilibrio no es meramente un estado de una reacción química, sino que es hallar las condiciones óptimas y necesarias para evolucionar cuando estamos en condiciones adversas y de peligro. Es necesario tener la agilidad necesaria para en tiempos de crisis encontrar la solución ágil que nos devuelva el balance y equilibrio en todo en cuanto se realiza.

Valor

Hace un tiempo estuve participando de un proceso de capacitación dirigido por el empresario Ralf Buhl. Ralf dueño y fundador CEO de Altus.com & Escuela Online de Altus estuvo platicando sobre varios temas que estuvo compartiendo con los participantes. En una de las sesiones mencionó una fórmula que considero fascinante y es la siguiente:

$$V = (C + H) * A$$

Fórmula de Victor Kuppers

En donde V es valor, C representa conocimiento, H significa habilidades y la variable A significa actitud. Considero sumamente importante hacer referencia a esta simple fórmula ya que la considero muy acertada en la manera que esta expresada y aún más en su simpleza es que está la profundidad y su riqueza. Es relevante y preponderante añadirle valor a todo lo que hacemos ya que esto potenciará las posibilidades de éxito en toda y cada una de las actividades, procesos y proyectos que llevemos a cabo. Por lo tanto, es la palabra Valor el protagonista de esta maravillosa fórmula. A Ralf gracias por compartirla y mi exhortación es a que todo lo que ustedes emprendan en su vida lo ejecuten con esta sencilla fórmula en donde la clave está en utilizar el conocimiento adquirido sumado a las habilidades intrínsecas que posee cada individuo y esto potenciado por una actitud positiva. Estoy convencido que el éxito y la prosperidad estará a la vuelta de la esquina ya que el valor en todo lo que hacemos será nuestro faro de luz en la inmensidad de la noche. Así que a vivir con valor toda nuestra vida.

Mentalidad o "Mindset"

El portal https://www.deconstruyendoscrum.com/que-es-el-mindset/ habla sobre este tema. Traducido literalmente del inglés, la palabra "Mindset" significa: Mentalidad y está formada por *"mind"* (mente) y "set" (*conjunto*), también tiene connotaciones relativas a configuración o patrones mentales.

Carol Dweck profesora de la cátedra Lewis and Virginia Eaton de Psicología social en la Universidad Stanford es conocida por sus trabajos en el llamado *"mindset"* psicológico. Se pueden agrupar a los individuos en dos categorías de "Mindset" en atención a su reacción al fracaso, siendo estos:

- **"Mindset" Fijo:** Consideran que las habilidades son innatas al individuo, como por ejemplo la inteligencia, y que su capacidad no puede aumentar,

- **"Mindset" de Crecimiento:** Consideran que las habilidades y talentos pueden desarrollarse a través del esfuerzo y el aprendizaje.

Mucho se ha estado platicando sobre este término recientemente. Metodologías ágiles, así como expertos en desarrollo gerencial y empresarial entre otros han adoptado este término en aras de establecer sus ideas y conceptos en función del contexto mismo. No debemos olvidar que nuestra forma de pensar y actuar está basada en cuanto a nuestras creencias, actitudes y el conocimiento adquirido a través de nuestras experiencias en la vida. Por lo tanto, tener una mente abierta y receptiva al cambio es necesario para poder tener un "mindset" atemperado a los tiempos en que vivimos. No obstante, es relevante resaltar que en momentos de crisis como el cual vivimos en la actualidad la resiliencia juega un papel relevante en formar el "mindset" que tenemos.

"E-commerce" o Comercio electrónico

El prologuista de este libro Diego Wo Ching Jiménez establece lo siguiente sobre este tema y cito: "Estamos ante un Mundo ya Globalizado, los consumidores tenemos expectativas muy diferentes a las que teníamos diez años atrás. El comercio electrónico ha abierto las puertas de acceso a productos, tecnologías y servicios que no contábamos anteriormente. Queremos que los productos que ordenamos en línea nos lleguen, de ser posible el mismo día, o por lo menos saber exactamente el día y hora de cuándo nos llegarán. Las Empresas deben adaptarse a estos nuevos retos, sistemas y requerimientos para poder subsistir".

Según el portal antevenio.com en su blog habla sobre esta tendencia en particular:

No hay duda alguna de que el 2021 se ve como un año que va a sorprender completamente, y mucho más cuando se habla del "ecommerce". **Todos los negocios tienen que comenzar a unirse a estas tendencias para que obtengan los resultados que están esperando**, así como grandes beneficios.

Tener presente estas tendencias en "ecommerce" en 2021 va a mejorar mucho más la forma en que vendes en línea, para que puedas crear un negocio que sea mucho más sólido.

Esto deja establecido que las empresas de bienes y servicios deben reinventarse para advenirse a las nuevas tendencias del mercado. Ante las dinámicas de las organizaciones y los cambios continuos en un mundo globalizado es necesario evolucionar hacia ser mas ágiles en aras de poder exceder las expectativas y sobre todo añadirle valor a todo lo que comercializamos. Por lo tanto, es necesario estar conscientes de que, para nosotros poder adaptarnos a los incesantes cambios que presenta la industria hay que proveer soluciones innovadoras e iniciativas para ponerlas al servicio de los clientes.

Por lo tanto, el propósito de este libro es exhortarlos a todos a aplicar estos conceptos y principios básicos en todos los aspectos de nuestras vidas tanto personal como profesional, para que nos guíen a puerto seguro en tiempos de crisis. Esto se logra siendo disruptivos en potenciar soluciones afirmativas, eficientes y efectivas para agregar valor a todos los procesos que impactemos. También se logra mediante la aplicación de todos los temas expuestos anteriormente, así como implementando lo que presento de manera conceptual a continuación **la solución ágil multidireccional PAR.**

II. SEGUNDA PARTE

"Lo que importa verdaderamente en la vida no son los objetivos que son marcamos, sino los caminos que seguimos para lograrlo"
Peter Bamm

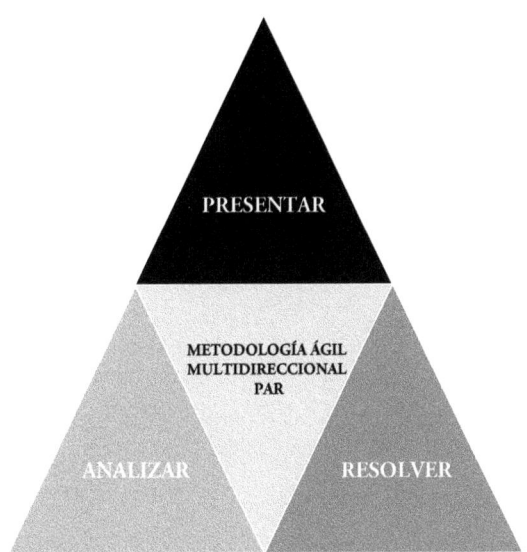

¿Qué es la metodología ágil multidireccional PAR?

La metodología ágil multidireccional PAR consiste en tres fases que están estratégicamente diseñadas e interconectadas entre sí en una forma funcional en la cual provee soluciones ágiles a las organizaciones e individuos. Con la misma logramos maximizar el desarrollo de los recursos humanos de su empresa o negocio con el propósito de encontrar los resultados y entregables deseados. Proveyéndoles a los empleados las herramientas ágiles necesarias para desarrollar la capacidad de crear productos, resultados y servicios excepcionales fortaleciendo así la ventaja competitiva de su organización y añadiéndole valor. Esta metodología promueve la creatividad e innovación y el total desarrollo de las destrezas, actitudes, habilidades y competencias que determinan la conducta de los recursos y su compromiso en el trabajo que desempeñan. De igual forma implementamos soluciones ágiles a los problemas y situaciones de conflicto que se presentan en el ambiente empresarial y personal. Esto en aras de agregar valor y crecimiento sostenido a cada una de las instancias operacionales en la empresa o negocio. En estos tiempos de crisis y sobre todo para el mundo en su totalidad el cual nos enfrentamos hoy, debemos reinventarnos para trabajar con un alto sentido de compromiso, calidad y competencia. Implementando actividades proactivas y acciones afirmativas dirigidas a romper con los paradigmas que nos llevan a la inacción. El propósito de la implementación de esta metodología es propiciar el intercambio de ideas, conocimientos y soluciones ágiles dirigidas a potenciar y mantener la rentabilidad de la organización mediante el valor añadido en todo lo que realizamos.

Esta metodología se basa en tres Pilares:
- **Velocidad**
- **Flexibilidad**
- **Colaboración**

Como parte de la metodología multidireccional PAR la solución ágil consiste en tres *PRINCIPIOS CLAVES*:

PRINCIPIOS CLAVES PAR: TMT

T - Tiempo

M - Mejoramiento Continuo (Kaizen)

T - Trabajo en equipo

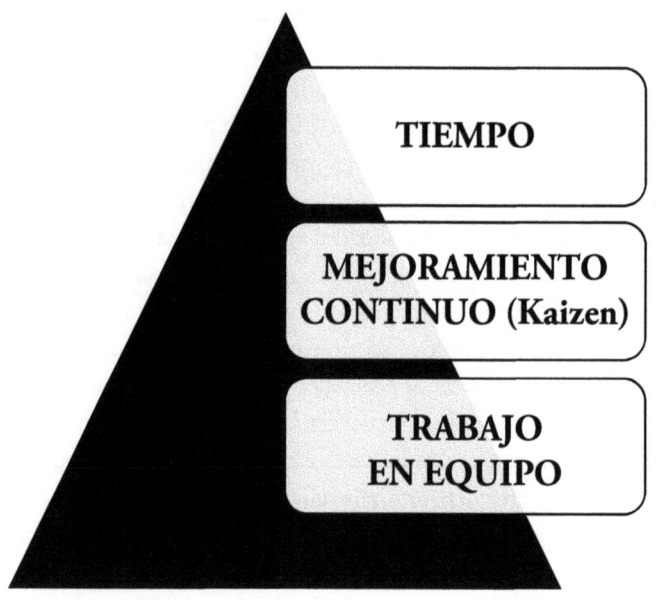

METODOLOGÍA ÁGIL MULTIDIRECCIONAL PAR

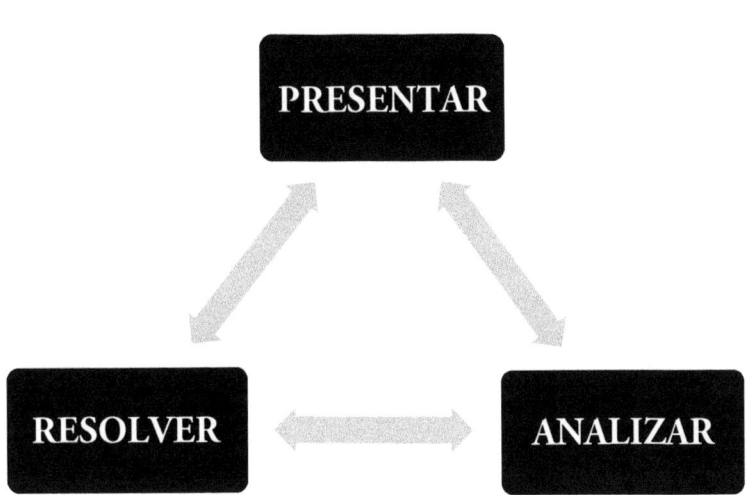

PRIMERA FASE

PRESENTAR

PLANIFICAR
- DEFINIR ESTRATEGIAS
- PLAN DE ACCIÓN

RECOPILAR
- DATOS CUANTITATIVOS SIGNIFICATIVOS
- INFORMACIÓN RELEVANTE (CUALITATIVA)

NOTIFICAR
- ÁREAS DE IMPACTO
- INTERVENCIÓN

En una actividad cualesquiera llevada a cabo para obtener y generar valor a un producto o servicio sigue la siguiente secuencia,

Esta es una de las actividades más importantes ya que provee la capacidad de poder darle continuidad a los procesos de mejora de forma continua y tomando en cuenta que ante la dinámica de las organizaciones es necesario evolucionar y adaptarse a las tendencias el mercado. Este es un proceso sistemático que envuelve a todos y cada uno de los recursos de la organización a todos los niveles y que forman parte de las soluciones de impacto.

Lo que no se mide no mejora. Por eso es fundamental que en la parte de seguimiento se utilicen instrumentos de medición que en todo momento nos reflejen la realidad existencial de cada proceso y de identificar alguna desviación tomar acciones afirmativas para inmediatamente ajustar, corregir y minimizar el impacto en la operación en función de tiempo.

Es necesario proveerle al cliente soporte post- implementación para asegurarse que las recomendaciones están siendo efectivas para que la gestión de desempeño sea de alto nivel y con altos estándares de calidad. Por lo tanto, como parte del proceso de llevar a cabo acciones afirmativas y correctivas el diagrama del ciclo PDCA en cada una de las actividades, es relevante.

CICLO PDCA

PLANIFICAR(PLAN)

HACER(DO)

VERIFICAR(CHECK)

ACTUAR(ACT)

Diagrama ciclo PDCA

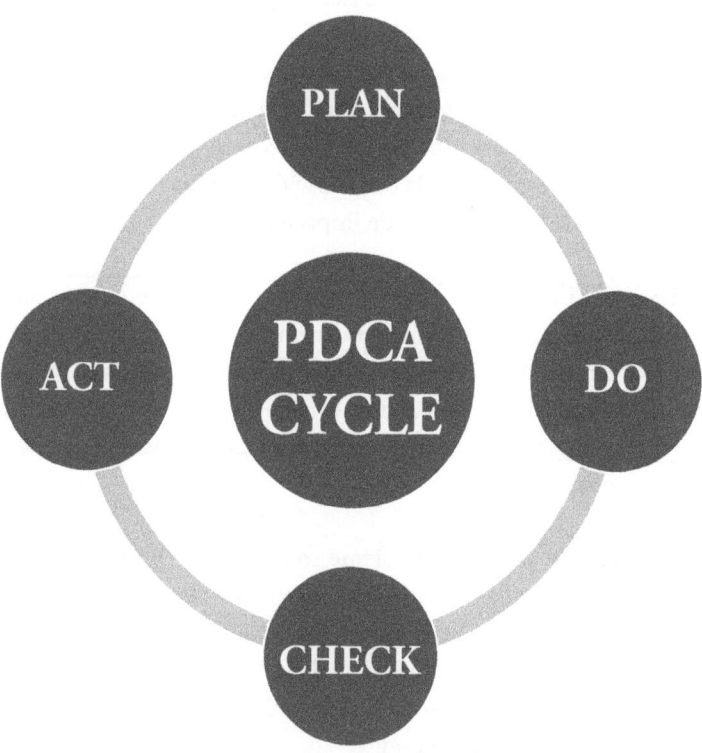

Método Deming

PRIMERA FASE - PRESENTAR

> "La planificación es un proceso de toma de decisiones para alcanzar un futuro deseado, teniendo en cuenta la situación actual y los factores internos y externos que pueden influir en el logro de los objetivos"
> *Jiménez (1982)*

Cuando se aproximan nuestras esperadas vacaciones pasamos horas y horas imaginándonos qué lugar podríamos visitar, pensamos en nuestro presupuesto, y sobre todo cuando es el mejor momento para vacacionar. Tenemos que considerar aspectos tales como el tiempo, disponibilidad de recursos entre otras cosas. Primeramente, comienzo a hacer un pequeño borrador del plan que tengo en mente y cuáles son las acciones que debemos llevar a cabo para completar con éxito dicho plan. No sin antes siempre tomando en cuenta los incidentales que puedan ocurrir y que puedan alterar nuestro plan original.

Hace unos años mi esposa y yo emprendimos un viaje a Canadá lo cual planifiqué con mucho ahínco y como perfeccionista nato que soy tomé en cuenta todos los posibles escenarios que me podía encontrar. Salimos de Nueva York, luego visitamos la ciudad de Filadelfia, estuvimos brevemente en el estado de Virginia en el cementerio del soldado caído luego estuvimos visitando a Washington. Allí vimos el monumento a Lincoln entre otras majestuosidades. Durante la visita a tales lugares pudimos ver algunos de los lugares históricos de cada localidad, así como parques y preciosos paisajes.

Luego emprendimos viaje hacia las Cataratas del Niagara en donde pudimos apreciar la fortaleza de las aguas que bajan a través de la caída del agua desde el lado de Estados Unidos. Una vez pasamos la frontera nos subimos al majestuoso "Skylon Tower" en donde disfrutamos de una deliciosa cena y sobre todo una de las vistas paisajistas más impresionantes que he visto en mi vida. Pudimos ver las

Cataratas del Niágara desde el lado de Canadá en todo su esplendor. El "Skylon Tower" en su restaurante tiene una peculiaridad que es giratorio, por lo cual se imaginan la maravillosa fotografía que pudimos disfrutar.

En Canadá pudimos visitar en varios días ciudades como Ottawa, Mil Islas, Toronto, Quebec y Montreal entre otras. Luego de pasar unos días esplendorosos en las diferentes ciudades visitando lugares turísticos de primer orden, fue en Montreal en donde todo cambió en un instante. Durante la noche decidimos darnos la oportunidad de ir a un restaurante que casualmente se llama "Nelson Restaurant". Luego de comer y emprender una gran caminata hasta el hotel comenzó lo que denominé la pesadilla de Montreal. Mi esposa comenzó a sentirse indispuesta al punto que tuve que salir de emergencia para un hospital universitario cercano a la localidad. Demás está decirles que las horas se convirtieron en días y los segundos en largas horas de espera. Luego de una batería de análisis, el doctor a cargo del área de emergencia la dio de alta no sin antes darnos unas instrucciones específicas a seguir para cuando llegáramos a Puerto Rico. Les puedo asegurar que esta eventualidad no fue planificada y por lo tanto tuve que incurrir en gastos imprevistos.

¿Qué sucede cuando las cosas no salen como lo planeado? ¿Hay alguna contingencia que nos ayude a identificar estos imprevistos? ¿De qué manera podemos evitar que nuestros proyectos y planes personales puedan ser impactados por eventos fortuitos? ¿Si no tenemos un plan como se ve afectado nuestras labores en el área de trabajo, empresa y/o en nuestras actividades diarias en la vida misma?

Las respuestas a todas estas preguntas están contenidas en la palabra planificación. La palabra planificación se deriva de la palabra plan. Según Wikipedia.com la palabra plan (desambiguación) suele referirse a un programa o procedimiento para conseguir un determinado objetivo como por ejemplos: planes de acción, planes militares, planes o proyectos políticos, plan de pensiones, plan urbanístico, plan de estudios, plan de negocios, plan estratégico, plan operativo, y plan de mercadeo entre otros. Por lo tanto, para llevar a cabo un buen plan hay que efectuar una buena planificación.

En el ambiente empresarial el proceso de planificación debe ser estructurado y dirigido a atender todas las necesidades apremiantes y a los procesos para mejorarlos en una base continua. En la medida que tenemos una buena planificación estamos en posición de minimizar las desviaciones y situaciones que puedan surgir basados en los imprevistos que se puedan presentar. Siempre he pensado que, si tengo un plan, entonces estoy en posición de ajustar y corregir aquellas discrepancias y desviaciones que se presentan. Por otro lado, si no tengo un plan me convierto en reactivo y no proactivo ante las eventualidades que se presentan lo que se traduce en perdidas, re- trabajo y hasta en algunos casos el fracaso total de todas las actividades relacionadas con el negocio y con los procesos que se inciden. No sin antes mencionar que la improvisación es la orden del día y considero que un 50% de probabilidad para que un evento funcione es para mí sumamente arriesgado. Considero que un 80% es una probabilidad mucho mejor.

Según el portal monografias.com la planificación cumple con dos propósitos principales en las organizaciones y empresas: el protector y el afirmativo. El propósito protector hace referencia a minimizar los riesgos reduciendo la incertidumbre asociada al mundo de los negocios y definiendo las consecuencias de una acción administrativa determinada. Por otro lado, el portal define el propósito afirmativo como la planificación llevada a cabo para elevar el nivel de éxito organizacional en las empresas. El portal también plantea un propósito adicional que consiste en coordinar esfuerzos y los recursos dentro de las organizaciones. Me gusta la manera en que el portal monografías.com hace unas analogías con respecto al término planificación que lo asemeja a una locomotora que arrastra el tren de las actividades de la organización, la dirección y el control.

Por otro lado, considera también el portal que la planificación se asemeja a un tronco de un árbol fundamentalmente imponente, en el cual crecen las ramas de la organización, la dirección y el control de igual forma. Sin embargo, el propósito fundamental según lo plantea monografías.com es facilitar el logro de los objetivos de la empresa o negocio. Donde toma en cuenta la naturaleza de la visión de futuro en el cual deben efectuarse las acciones que han sido previamente planificadas.

Concurro con la definición antes expuesta por el portal monografías.com ya que para lograr las metas, objetivos y las métricas en una organización los procesos deben ser mejorados en una base continua mediante una planificación ejecutada armoniosamente con el propósito de obtener una ventaja competitiva fuerte y sustentable. Esto logra una organización con las habilidades y destrezas necesarias para adaptarse a los cambios continuos que se presentan en los negocios. La toma de decisiones incide directamente en el proceso de planificación. Es necesario crear comités o grupos de trabajo conformados con una diversidad de recursos en aras de conseguir toda la información relevante al proceso de mejora. Las tormentas de ideas y el uso de estrategias dirigidas a hacer que el proceso de planificación se lleve a cabo con toda la información relevante es una prioridad. Ya que es necesario mantener un proceso de planificación estructurado con altos estándares de calidad, ágil y sobre todo mejorar continuamente.

En la fase de Presentar tenemos tres eventos importantes:

- **Planificar**
- **Recopilar**
- **Notificar**

SEGUNDA FASE

ANALIZAR

DATOS
- COMPILACIÓN TOTAL ESTADÍSTICA
- GRÁFICOS

COSTOS
- CUANTITATIVOS
- CUALITATIVOS

IMPACTO
- POSITIVO
- NEGATIVO

SEGUNDA FASE - ANALIZAR

> "Nada ocurre porque sí.
> Todo en la vida es una sucesión de hechos que, bajo la lupa del análisis, responden perfectamente a causa y efecto"
> *Richard Feynmann*

En los pasados días se ha estado discutiendo el estado de situación de Puerto Rico sobre la crisis fiscal prevaleciente que ha trastocado no solo al gobierno de Puerto Rico en su faz sino a todos los puertorriqueños. La credibilidad de Puerto Rico ha quedado lacerada por planteamientos hechos de una y otra parte ante la ambigüedad de estos. Todo esto tiene como causa raíz la deuda que tiene Puerto Rico actualmente en varios renglones como los bonistas y el deterioro de toda la estructura gubernamental en todos los escenarios posibles. Los Sistemas de Retiro se han visto severamente afectados por causa de la insolvencia del gobierno, lo que se traduce en inestabilidad política y económica que ha causado desconfianza entre los puertorriqueños. La diáspora de boricuas hacia el estado de la Florida el año pasado ascendió a 84,000 y actualmente en la ciudad de Nueva York viven más de 3.5 millones de puertorriqueños amen de los 200,000 que viven en el estado de Texas.

Los dos partidos políticos principales tratan de explicar cuáles fueron las causas que nos llevaron a la crisis actual justificando sus acciones, y señalando a su contraparte como el responsable de tal situación. Funcionarios representando al gobierno estadounidense mencionan que en el caso de Puerto Rico requerirá de todos los esfuerzos y creatividad posible para la resolución de la crisis financiera que inunda al país como un tsunami. La ley Promesa viene a ser el vehículo que asigna el gobierno de Estados Unidos para enderezar las finanzas del gobierno de Puerto Rico y comenzar a pagar la deuda a los bonistas resolviendo así sus entuertos.

La crisis de liquidez y la crisis fiscal prevaleciente requieren de acciones extraordinarias para poder atajar la misma como lo hace el portero en un partido de futbol. Todos en una forma holística se ponen de acuerdo en afirmar que es necesario traer a todos los involucrados en donde se muevan a una solución viable que permita al país una protección amplia de quiebras que permita traer a los acreedores a discutir asuntos relacionados en la mesa de negociación. Es necesario buscar soluciones a corto y largo plazo para implementar una solución permanente al problema actual y sobre todo iniciativas a largo plazo para evitar repetir el mismo escenario el cual nos enfrentamos hoy en día.

Estoy convencido que si a través de los años se hubiese realizado un análisis económico serio y responsable en donde se encontraba el país no hubiésemos llegado al punto donde Puerto Rico se encuentra hoy. En una quiebra y sin un plan para poder solventar la misma, solo la Junta de Supervisión Fiscal es la asignada para llevar a cabo esos esfuerzos.

Según https://es.m.wikipedia.org define análisis como un estudio minucioso de un asunto. Analizar, es el proceso de extraer las cosas más importantes para poder quedarte con lo esencial de esa cosa según el portal. Señala que en economía y gestión tenemos análisis bursátil, análisis técnico, análisis fundamental, análisis de entorno entre otros. ¿Pero qué realmente nos proporciona el llevar a cabo un análisis de un proceso o cosa? ¿Nos proveerá el insumo necesario para tener una foto clara y real de lo que estamos analizando?, ¿Considera el análisis efectuado todas las características y atributos medibles del elemento o los elementos evaluados? La respuesta es relativa dado a que en mi opinión es necesario considerar si el instrumento de análisis que se está utilizando representa realmente todos aquellos elementos que se están considerando en el proceso que se está evaluando o investigando. Uno de los factores indispensables para que el análisis sea íntegro y veraz es la procedencia de los datos relevantes al proceso.

En el libro "En Tiempos de Crisis" comento lo siguiente: "Para poder obtener crecimiento debemos comenzar a trabajar con nosotros mismos. Es imposible poder cambiar a los demás, ya que nos damos cuenta en la mayoría de las ocasiones solamente podemos controlarnos a nosotros mismos y con mucha dificultad. Tal como mencioné en el capítulo del liderazgo transformador, el cambio comienza transformándonos a nosotros mismos desde adentro hacia afuera. Por lo tanto, es necesario estar dispuesto y tener el deseo de cambiar para poder lograr esta transformación. El proceso de transmutar un deseo en algo tangible no es tarea fácil, requiere esfuerzo y, sobre todo, un compromiso genuino de nuestra parte. La única manera de poder romper con las ruinas de nuestras viejas maneras de pensar y trabajar con nosotros mismos es rompiendo paradigmas". Para obtener crecimiento y desarrollo es necesario hacer un análisis de introspección genuino de nuestras fortalezas y debilidades. Entonces estaremos en una mejor posición para convertir nuestras debilidades en nuestra más preciada fuerza.

En la fase de Análisis están contenidos los eventos tales como:

- **Datos**
- **Costos**
- **Impacto**

TERCERA FASE

RESOLVER

RESPUESTA
- ACCIÓN
- REACCIÓN

EVALUACIÓN
- CONSULTA
- TOMA DE DECISIONES

SOLUCIONES
- PARCIALES
- INTEGRADAS

TERCERA FASE - RESOLVER

> "No podemos resolver problemas
> pensando de la misma manera
> que cuando los creamos"
> *Albert Einstein*

Hace un tiempo participé junto a mi esposa y familiares de una fiesta celebrando los noventa años de vida de la hermana de mi madre ya fallecida, Julia Belén Mercado (tía) en donde todo fue alegría, algarabía y fiesta. Desde que llegamos al Pabellón Rafael Hernández Colon de mi pueblo natal Dorado todo estaba debidamente coordinado y planificado. El salón bellamente decorado resaltaba con todo esplendor la atmosfera que allí se respiraba. Tan pronto me allego a cada una de las decenas de mesas los saludos y las expresiones de cariño no faltaron por doquier. Mi tía Julia Belén estaba vestida de gala con un vestido precioso resaltando su estoicismo y su imagen matriarcal que se evidenciaba. Julia la mayor de trece hermanas fue bastión sólido de esta familia y ejemplo de una vida longeva y productiva en todos los aspectos de la vida misma. Todos comíamos, bailábamos y muchos disfrutaban de sus bebidas refrescantes el ambiente de grata camaradería que permeaba por doquier.

Al cabo de horas se abre la puerta principal y un grupo de mariachis entra al salón cantando rancheras y canciones mejicanas como premio y regalo a mi tía Julia. Su sonrisa no tenía comparación y todos los allí presentes hicimos eco y coro de las canciones que los músicos cantaron para deleitar a los presentes. No existía precio ni valor en el mundo que pudiera pagar por la sonrisa que dibujaba el rostro de mi tía Julia Belén y que denotaba felicidad e irradiaba puro amor.

Al finalizar la actividad me despido de familiares y amigos entonces me dirijo a mi hogar. Al llegar a mi residencia me encuentro con una sorpresa. Todo el piso de la cocina estaba inundado de agua. Traté de identificar la procedencia de esta y logré hacerlo, la mezcladora se había averiado. Ante esta situación tuve que buscar un cubo de agua y el mapo para poder secar todos los espacios de la cocina que estaban llenos de agua. Durante el proceso tuve un desliz y al perder el balance sufro una aparatosa caída en el cual salí un poco maltrecho. De más está decirles que tuve que buscar ayuda médica para atender el impacto de la caída que había sufrido. Entonces, vino a mi mente la siguiente pregunta ¿Cómo puedo resolver esta situación apremiante en mi hogar? La respuesta fue comprar una nueva mezcladora y sustituirla por otra.

En la vida empresarial eventos similares ocurren en el proceso de resolver y atajar problemas de naturaleza empresarial. Para resolver situaciones de carácter técnico son implementas acciones que vayan dirigidas a atender cada una de las necesidades específicas basado en la situación o problema técnico que prevalece. Por otro lado, resolver situaciones o problemas de naturaleza cultural requiere otro enfoque y otra perspectiva de como trabajar cada una de las situaciones que se presentan.

En ocasiones cuando los sistemas de comunicación presentan problemas técnicos se recurre a las áreas concernidas para resolver cada una de las eventualidades ya sea el área de tecnología de información u otros departamentos que tengan presencia en el proceso de resolver los problemas de origen técnico. En respuesta a tales situaciones podemos implementar soluciones que vayan a incidir directamente a los procesos que hemos identificado en aras de proveer soluciones tanto a corto como a largo plazo. Una de las maneras que podemos resolver los problemas y situaciones que se presentan es mediante acciones afirmativas.

> "Nosotros mismos debemos ser el cambio
> que deseamos ver en el mundo"
> *Gandhi.*

En varias ocasiones en nuestra vida enfrentamos situaciones en donde salimos de nuestra zona de comodidad. La resistencia al cambio ha sido y es uno de los temas más estudiados por los investigadores. El cambio significa acción y sobre todo estar dispuesto a realizar cosas que en un principio ya sea por convicción o principios no estamos dispuestos a realizar. Cuando trabajamos con los requerimientos del cualquier producto o servicio debemos estar conscientes que en la medida que avanza los requisitos pueden cambiar. Es por eso por lo que debemos tener la capacidad de aceptar los cambios y sobre todo adaptarnos a ellos para cumplir con las expectativas de nuestros clientes. "Las organizaciones en general deben buscar nuevas formas de hacer las cosas para que podamos encaminarnos firmemente hacia el logro de nuestras metas y objetivos. Ante los cambios, las organizaciones deben ser dinámicas y ágiles para evolucionar continuamente al éxito y la salud financiera de la organización". Sugiero que debemos ir más allá de nuestras posibilidades, sueños y retos. Ya es hora de convertirnos en facilitadores de cambio y asumir las riendas de nuestra vida. Debemos darnos la oportunidad de vivir, crecer, desarrollarnos y, sobre todo, adaptarnos a los inevitables cambios de la vida ya que siempre hay una oportunidad para crecer.

En la fase de Resolver tenemos los eventos tales como:

- **Respuestas**
- **Evaluación**
- **Soluciones**

Entonces con la metodología ágil multidireccional PAR que estoy presentando, ¿cómo estoy aplicando los valores principales de la agilidad? La respuesta es la siguiente. Primero, debemos conocer cuáles son aquellos valores que el concepto agilidad circunscribe para así poder identificar si estamos en la dirección correcta. Según el consultor mexicano y experto en aspectos relacionados con agilidad Jorge Ruiz los valores de la agilidad son 4 y los mencionaré a continuación.

Los valores de la agilidad son los siguientes:

- Interacciones e individuos sobre procesos y herramientas

- "Software" que funcione – desde el contexto de "software" sobre documentación exhaustiva

- Colaboración con el cliente sobre negociación de contratos

- Responder al cambio sobre seguimiento de un plan

Veamos como la metodología ágil multidireccional PAR incorpora dichos valores.

- En cada una de las fases, los eventos incluyen la participación de individuos de forma colaborativa con diferentes roles, en donde se incluyen colaboradores de distintas jerarquías de la organización. Las interacciones se dan en sí mismas como parte de la conexión de cada una de las fases, en donde se correlacionan de manera interconectada no ordenada con el propósito de cumplir con los requerimientos en las fases, eventos, tareas y ARP.

- Funcional -Desde el contexto de la metodología PAR en todo momento nos aseguramos de que vamos en la dirección correcta. Mediante la implementación de los eventos en donde el proceso de medición y entrega se da en resultados fraccionados, en el cual nos aseguramos de que sea funcional en cada uno de las fases, eventos y tareas donde se añade valor en un período corto de tiempo en su ejecución. Sobre todo, que lo implementado funcione con un mínimo de documentación.

- La colaboración con el cliente- Es parte intrínseca de la metodología PAR en donde la función de los colaboradores es medular en cada una de las fases, eventos tareas y acciones rápidas procesos ya que nos proveen el insumo de primera mano en cuanto a las características relevantes de cada situación a atender y/o resolver en el cual pueden tener correlación directa con las historias de usuarios de Scrum. Esto se da en función de la interacción con el cliente en todo momento. Debemos dejar al cliente que sea el juez "Let`s the customer be the judge" de nuestras acciones en términos de lo que esperan obtener como parte de las acciones afirmativas llevadas a cabo. En aras de exceder las expectativas de los clientes según plantea calidad total en su filosofía y Deming como arquitecto. Todo esto en yuxtaposición con la negociación de contratos entre las partes.

- La metodología ágil PAR está basada en su faz y constituida con principios de Gerencia de Calidad Total (TCM) de Edward W. Deming, en donde resalta el aspecto del cambio mediante el romper paradigmas para la transformación cultural, mejoramiento continuo basado en la calidad y poder responder al cambio de forma positiva y afirmativa. Para lograr la transformación cultural en los colaboradores del proceso donde se rompen los esquemas tradicionales y jerarquías se crean equipos autoorganizados y autogestionados en aras de manejar de manera (Equipos de Mejoramiento Procesos- EMP) efectiva el cambio mediante el mejoramiento continuo y el aprendizaje sobre la marcha. La creación de redes mediante la aplicación del "Management 3.0" provee una excelente oportunidad para descentralizar la operación en función del proceso de toma de decisiones convirtiendo la ejecución en un proceso ágil en todas sus manifestaciones y contextos. Esto se da en función de una planificación no tradicional, en el contexto de no seguirla estrictamente.

Por lo que en mi humilde opinión la metodología ágil multidireccional PAR constituye y forma parte de un método sencillo y práctico en donde la agilidad es el catalizador que acciona todas las actividades relevantes y preponderantes en todo momento para entregar valor en todas sus manifestaciones en todo lo impactado.

DIAGRAMA METODOLOGÍA ÁGIL MULTIDIRECCIONAL PAR

PAR

FASES

EVENTOS

TAREAS
- **ARP (ACCIONES RÁPIDAS DE PROCESO)**

John C. Maxwell en su libro "El Lado Positivo del Fracaso" comentó lo siguiente y cito: "Si usted realmente quiere ver realizados sus sueños; es decir, alcanzarlos realmente, no solo desearlos o hablar de ellos, tiene que salir y fracasar. Fracasar al comienzo, fracasar a menudo, pero siempre yendo hacia adelante. Transforme sus errores en peldaños que lo conduzcan al éxito", cierro la cita.

"En Tiempos de Crisis, siempre hay una oportunidad para crecer".
Nelson Salgado-Mercado

III. TERCERA PARTE

"La educación es el pasaporte al futuro,
el mañana pertenece a aquellos que se preparen
para él en el día de hoy"

Malcom X

Como parte del proceso de obtener la certificación de SFC – "Scrum Fundamental Certified" realicé un resumen del marco de trabajo y lo comparto con ustedes a continuación para beneficio de todos.

Introducción y Principios del Concepto de Agilidad de Scrum

(Breve Resumen Scrum Capítulo 1 -2)
Fuente: "A guide to the Scrum Body of Knowledge" (SBOK Guide) Third Edition

Una Fortaleza clave de SCRUM es el uso de equipos interfuncionales (cross functional) autoorganizados y empoderados.

Ciclo Scrum:
Se lleva a cabo una reunión con "stakeholders" y se crea la visión del proyecto ; el "Product Owner" crea el "Backlog" priorizado del producto con lista de requerimientos en forma de historia de usuarios (sprint 1-6 semanas) ; cada Sprint empieza con un "Sprint Planning Meeting" ; durante el Sprint se llevan a cabo los "Daily Standup Meeetings" (15 min) se discute el progreso diario ; al final del Sprint se lleva a cabo el "Sprint Review Meeting" (1 hora / semana) con demostración de entregables al "Product Owner" y "Stakeholders" ; el ciclo termina con el "Retrospect Sprint Meeting" (1 hora) antes de avanzar al siguiente Sprint. Analiza mejoras y rendimiento.

Ventajas:
- Adaptabilidad
- Transparencia
- Retroalimentación continua
- Mejora continua
- Entrega continua de valor
- Ritmo sostenible
- Entrega anticipada de valor
- Proceso de desarrollo eficiente

- Motivación
- Resolución de problemas de forma rápida
- Entregables efectivos
- Centrado en el Cliente
- Ambiente de alta confianza
- Responsabilidad colectiva
- Alta velocidad
- Ambiente innovador

La conformación ideal los equipos en Scrum consiste en 6-10 miembros

"Framework" – Principios, Aspectos y Procesos

Principios (6):

- Control Empírico del Proceso – Transparencia, Inspección y adaptación.

- Autoorganización – compromiso y responsabilidad compartida con un ambiente innovador y creativo.

- Colaboración- conocimiento, articulación y apropiación.

- Priorización basada en Valor- entregar el valor máximo empresarial.

- "Time Boxing" - aborda el tiempo como un factor limitante. También aborda el "sprint", el "Daily Standup" y otros "sprints" relacionados con las reuniones, tales como la Reunión de Planificación del Sprint y la Reunión de Revisión del "Sprint", las cuales están bajo un time-box asignado.

- Desarrollo iterativo - está guiado por el objetivo de ofrecer el máximo valor empresarial en un mínimo período de tiempo. Para lograr esto en forma práctica, Scrum cree en el desarrollo iterativo de entregables.

Aspectos (5): Organización; Justificación del negocio; Calidad; Cambio; Riesgo

1. Organización roles centrales: "Product Owner" – mantiene la justificación del negocio; "Scrum Máster" – elimina impedimentos y se asegura de los procesos según Scrum; Scrum Team – entienden requisitos del "Product Owner" y crean entregables.
Roles no centrales: "Stakeholders; Scrum Guidance Body; Vendors"

2. Justificación del Negocio – se basa en la entrega impulsada por el valor (Value Driven Delivery) "EL PRODUCT OWNER ES RESPONSABLE DE LA JUSTIFICACION DEL NEGOCIO"

3. Calidad – Mejoramiento continuo, la calidad se define como la capacidad con la que cuenta el producto o los entregables para cumplir con los criterios de aceptación y de alcanzar el valor de negocio que el cliente espera.

4. Cambio - Un principio fundamental de Scrum es su reconocimiento de que:

   a) los "Stakeholders" (clientes, usuarios y patrocinadores) cambian de opinión acerca de lo que quieren y lo que necesitan durante un proyecto (a esto se le conoce en ocasiones como: "requisitos volátiles" o "requirements churn";

   b) que es muy difícil, si no es que imposible, que los "Stakeholders" definan todos los requisitos al inicio del proyecto.

Los proyectos Scrum aceptan los cambios mediante el uso de "Sprint" breves e iterativos que incorporan la retroalimentación del cliente en cada entregable del "Sprint".

5. Riesgo - La gestión de riesgos debe hacerse de forma preventiva, y es un proceso iterativo que debe comenzar al inicio del proyecto y continuar a lo largo del ciclo de vida de este. Los riesgos deben ser identificados, evaluados y atendidos con base a dos factores: la probabilidad de ocurrencia de cada riesgo y el posible impacto en el caso de tal ocurrencia.

Procesos de Scrum

1. Inicio;
2. Planificación y estimación;
3. Implementación;
4. Revisión y retrospectiva;
5. Lanzamiento

Fase de Procesos fundamentales de Scrum

- Inicio

1. Crear la visión del proyecto – "Product Owner"
2. Identificar al "Scrum Master' y "Stakeholder(s)"
3. Formar Equipos Scrum – "Product Owner"
4. Desarrollar épica(s)
5. Crear el "Backlog" Priorizado del Producto
6. Realizar la planificación de lanzamiento

- Planificación y estimación

1. Crear historias de usuario – "Product Owner" (PO)
2. Estimar historias de usuario – Scrum Máster y Equipo Scrum

3. Comprometer historias de usuario – Equipo Scrum entrega a PO aprobadas para cada "Sprint"
4. Identificar tareas
5. Estimar tareas
6. Crear el "Sprint Backlog" – "Scrum Team" crea un "Sprint Backlog"

- Implementación

1. Crear entregables – Equipo Scrum y usa "Scrum Board"
2. Realizar "Daily Standup" – 15 min
3. Refinar el "Backlog" Priorizado del Producto - El "Backlog" Priorizado del Producto se actualiza y se refina continuamente. Se puede considerar realizar una reunión de revisión del "Backlog" Priorizado del Producto, en la que se analiza cualquier cambio o actualización al backlog y se incorpora a dicho "Backlog" según sea necesario.

- Revisión y retrospectiva

1. Demostrar y validar el sprint - el Equipo Scrum muestra los entregables del "sprint" al "Product Owner" y a los "Stakeholders" relevantes en una Reunión de Revisión del Sprint para aprobación y aceptación
2. Retrospectiva del sprint - el "Scrum Master" y el Equipo Scrum se reúnen para analizar las lecciones aprendidas durante todo el Sprint.

- Lanzamiento

1. Enviar entregables
2. Retrospectiva del proyecto – "Retrospect Meeeting" del proyecto entre "stakeholders" y equipo Scrum.

Principios Scrum

Los principios Scrum, tal como se definen en la Guía SBOK™, son aplicables a lo siguiente:

- Portafolios, programas, y/o proyectos de cualquier industria
- Productos, servicios, o cualquier otro resultado que se entregue a los "stakeholders"
- Proyectos de cualquier tamaño y complejidad

1. Control empírico del proceso

- Transparencia

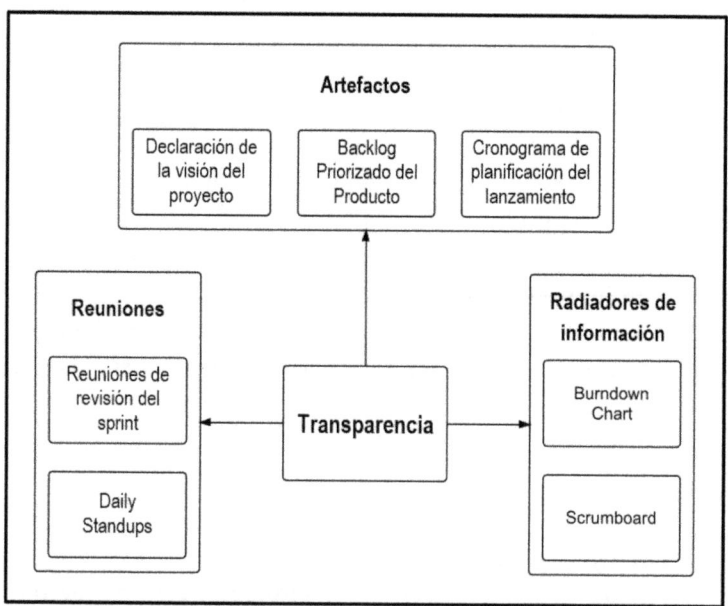

Fuente: "A guide to the Scrum Body of Knowledge (SBOK Guide) Third Edition

- Inspección

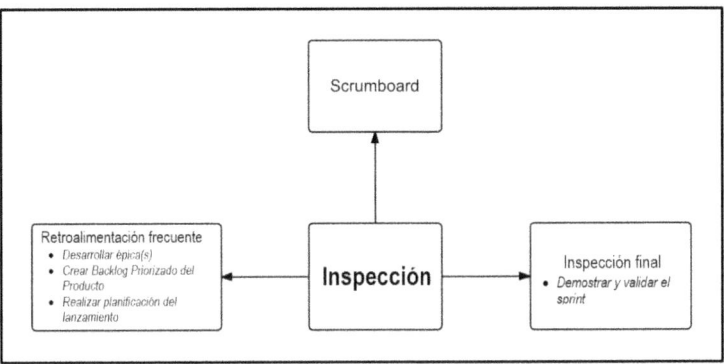

Fuente: "A guide to the Scrum Body of Knowledge (SBOK Guide) Third Edition

- Adaptación

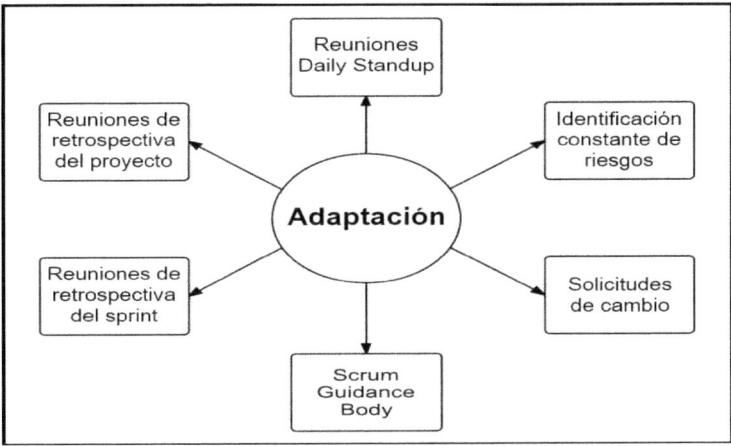

Fuente: "A guide to the Scrum Body of Knowledge (SBOK Guide) Third Edition

2. Autoorganización

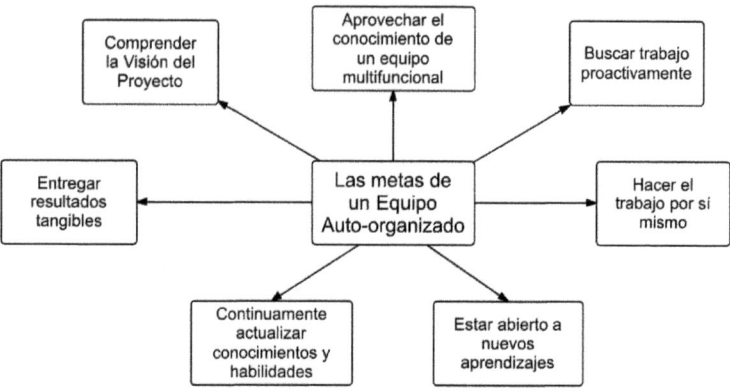

Fuente: "A guide to the Scrum Body of Knowledge (SBOK Guide) Third Edition

3. Colaboración

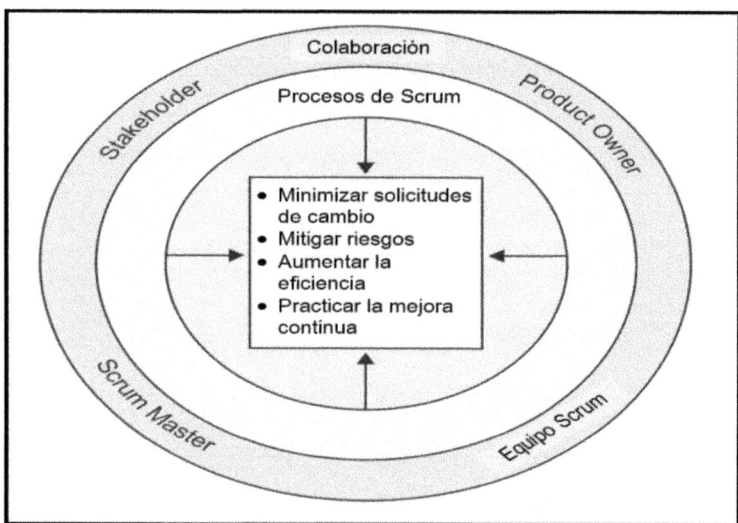

Fuente: "A guide to the Scrum Body of Knowledge (SBOK Guide) Third Edition

4. Priorización basada en valor - la priorización resulta en entregables que satisfacen los requisitos del cliente con el objetivo de ofrecer el máximo valor de negocio en el menor tiempo posible.

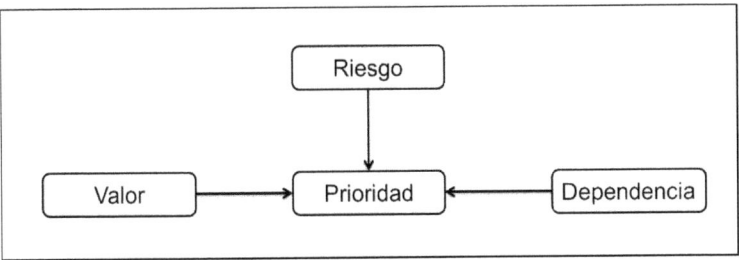

Fuente: "A guide to the Scrum Body of Knowledge (SBOK Guide) Third Edition

5. "Time boxes" de Scrum

- Sprint – de 1@6 semanas; se recomienda 4 semanas

- "Daily Standup" – 15 minutos

    1. ¿Qué he hecho desde la última reunión?

    2. ¿Qué tengo planeado hacer antes de la siguiente reunión?

    3. ¿Qué impedimentos u obstáculos (si los hubiera) estoy enfrentando en la actualidad?

- Reunión Planificación Sprint – 2 horas

    Esta reunión se lleva a cabo antes del sprint, como parte de los procesos de Comprometer historias de usuario, Identificar tareas, Estimar tareas y Crear el Sprint "Backlog".

- Reunión de Revisión del Sprint – 1 hora la reunión de revisión del sprint que se lleva a cabo en el proceso de Demostrar y validar el sprint, el Equipo Scrum presenta los entregables del sprint actual al "Product Owner". Este revisa el producto (o incremento del producto) para compararlo con los criterios de aceptación acordados y acepta o rechaza las historias de usuario completadas.

- Reunión de Retrospectiva del Sprint – 1 hora el Equipo Scrum se reúne para revisar y reflexionar sobre el sprint anterior en relación con los procesos que se siguieron, las herramientas empleadas, la colaboración y los mecanismos de comunicación, así como otros aspectos de interés para el proyecto.

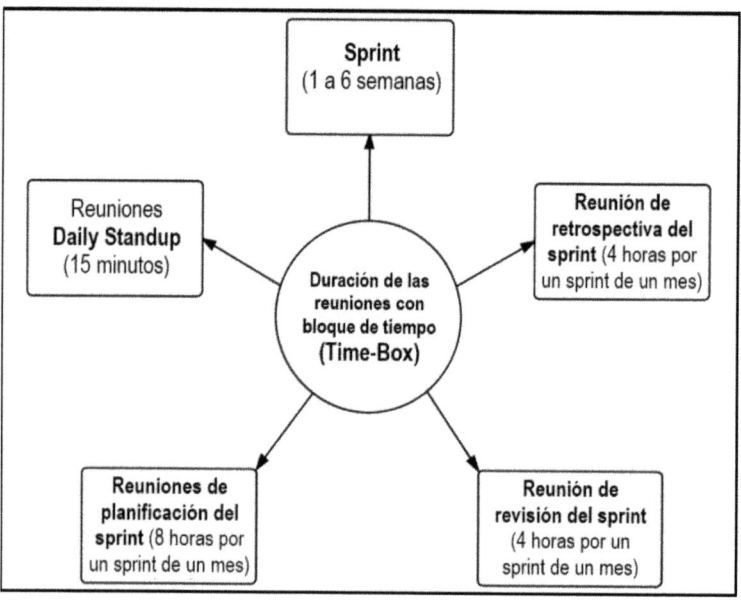

Fuente: "A guide to the Scrum Body of Knowledge (SBOK Guide) Third Edition

6. Desarrollo Iterativo - El modelo iterativo es más flexible para asegurar que cualquier cambio que solicite el cliente se pueda incluir como parte del proyecto. El beneficio del desarrollo iterativo permite la corrección a medida que todas las personas involucradas obtengan una mejor comprensión de lo que se debe entregar como parte del proyecto, e incorporar lo aprendido de manera iterativa. Así, el tiempo y el esfuerzo requerido para alcanzar el punto final definitivo, se reduce considerablemente y el equipo produce entregables que se adaptan mejor al entorno se reduce considerablemente y el equipo produce entregables que se adaptan mejor al entorno empresarial.

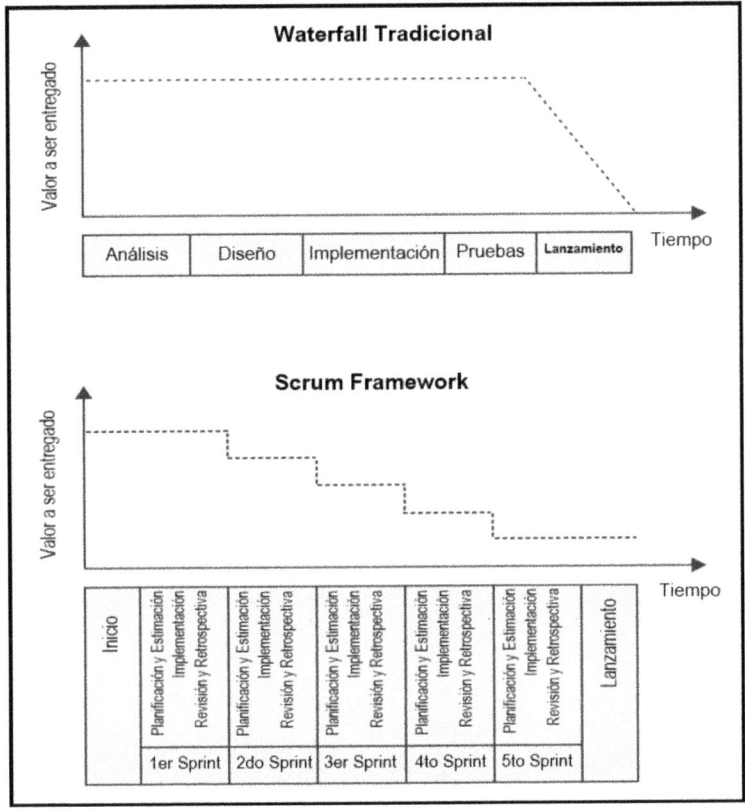

Fuente: "A guide to the Scrum Body of Knowledge (SBOK Guide) Third Edition

Como dato relevante, cabe señalar que en noviembre del año 2020 se realizó una publicación por parte de Ken Schwaber & Jeff Sutherland que se denomina "La Guía Scrum -La Guía Definitiva de Scrum: Las reglas del Juego". Los invito a accederla y leerla para estar al tanto de los conceptos más recientes esbozados con relación a este excelente marco de trabajo en su contexto. La puede acceder a través del enlace: https://scrumguides.org/docs/scrumguide/v2020/2020-Scrum-Guide-Spanish-European.pdf

Bibliografía/ Fuentes

1. https://solvingadhoc.com/los-principios-del-manifiesto-agil-y-su-aplicacion/ (consulta: 5 de febrero de 2021)

2. https://www.significados.com/resiliencia / Significado de Resiliencia (Qué es, Concepto y Definición) - Significados (consulta: 7 de febrero 2021)

3. Wordreference.org (consulta: 11 de febrero 2021)

4. "A guide to the Scrum Body of Knowledge (SBOK Guide) Third Edition

5. https://hitos.global/que-es-un-lider-agil/ (consulta 13 de febrero 2021)

6. Ana Pérez. Metodología agile: ¿Cuáles son los 12 principios de su modelo? | OBS Business School ,https://www.obsbusiness.school/blog/metodologia-agile-cuales-son-los-12-principios-de-su-modelo (consulta 13 de septiembre 2020)

7. https://definicion.de /excelencia/ Definición de excelencia - Qué es, Significado y Concepto (definicion.de) (consulta: 1 de marzo 2021)

8. WWW.prodemsa.net/portal/articulo (consulta: 5 de marzo 2021)

9. https://www.definiciones-de.com/Definicion/de/simplicidad.php#definicion_snip , (consulta: 6 de enero 2020)

10. https://hitos.global/que-es-un-lideragil/ ¿Qué es un Líder Ágil? | Los 9 principios del Liderazgo Ágil | Blog Hitos/ (consulta: 18 de enero 2021)

11. https://www.significados.com/empatia/ (consulta : 18 de febrero 2021)

12. https://deconceptos.com/ciencias-juridicacas/compromiso (consulta: 6 de enero 2021)

13. https://definicion.de/perseverancia/ (consulta: 12 de diciembre 2020)

14. https://definicion.de/transformacion/ (consulta: 18 de diciembre 2020)

15. https://dle.rae.es/sustentabilidad (consulta: 11 de enero 2021)

16. https://definicion.de/eco/ (consulta: 13 de diciembre 2020)

17. https://wordreference.com/definicion/paro/ (consulta: 11 de enero 2021)

18. https://www.significados.com/procastinar/#:~:text=Procrastinar%20significa%20posponer%20o%20aplazar,una%20decisión%20que%20debemos%20tomar.Significado de Procrastinar (Qué es, Concepto y Definición) - Significados (consulta: 13 enero 2021)

19. https://es.wikipedia.org/wiki/Conflicto Conflicto - Wikipedia, la enciclopedia libre (consulta: 19 de noviembre 2020)

20. https://definicion.de/especulacion/ Definición de especulación - Qué es, Significado y Concepto (definicion.de) (consulta: 3 de noviembre 2020)

21. https://www.significados.com/conciencia/#:~:text=La%20conciencia%20es%20la%20capacidad,propio%20individuo%20sobre%20sus%20sentidos. (consulta: 1 febrero 2021)

22. https://definicion.de/contrato/(consulta: 29 de noviembre 2020)

23. https://es.wikipedia.org/wiki/innovacion(consulta: 29 de noviembre 2020)

24. https://es.wikipedia.org/wiki/influencia (consulta: 19 de noviembre 2020)

25. https://es.wikipedia.org/wiki/Plan_(desambiguacion) Plan (desambiguación) - Wikipedia, la enciclopedia libre (consulta 3 de enero 2021)

26. https://www.monografias.com/trabajos34/planificacion/planificacion.shtml Planificación - Monografias.com (consulta 13 de marzo 2021)

27. Richard Blanco Peck. Escalas o niveles de medición. Disponible en: http://www.blancopeck.net/custom3_3.html (consulta: 30 de septiembre de 2008).

28. https://youtu.be/Cf_BS4okll8 Los 4 valores de la Agilidad/El Manifiesto Ágil/Agilidad Jorge Ruiz Agile (consulta 23 de marzo 2021)

29. https://www.deconstruyendoscrum.com/que-es-el-mindset/ (consulta 7 de abril 2021)

30. 10 de las principales tendencias en ecommerce en 2021 (antevenio.com) https://www.antevenio.com/blog/2021/03/tendencias/-en-ecommerce-2021/ (consulta 25 de mayo 2021)

31. El Lado Positivo del fracaso – John C Maxwell, 2000

32. El Mapa para Alcanzar el Éxito – John C. Maxwell 2003

33. El Lado Positivo del Fracaso – John C Maxwell, 2000, página 235

34. https://scrumguides.org/docs/scrumguide/v2020/2020-Scrum-Guide-Spanish-European.pdf (consulta 30 junio 2021)

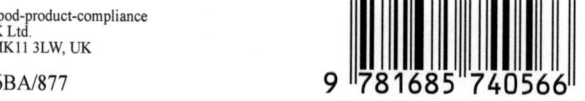